아까 화냈어야 했는데

아까 화냈어야 했는데

초판 1쇄 | 2019년 5월 26일 발행
초판 2쇄 | 2019년 10월 25일 발행

지은이 | 조명국

펴낸이 | 김현종
펴낸곳 | (주)메디치미디어
등록일 | 2008년 8월 20일 제300-2008-76호
주소 | 서울시 종로구 사직로 9길 22 2층(필운동 32-1)
전화 | 070-7862-9360(편집) 02-735-3308(마케팅)
팩스 | 02-735-3309
전자우편·원고투고 | medici@medicimedia.co.kr
페이스북 | medicimedia
홈페이지 | www.medicimedia.co.kr

편집 | 류혜정
교정 | 박진희
디자인 | mmato
마케팅 | 고광일
경영지원 | 조현주 김다나

ISBN 979-11-5706-159-4 03180

이 도서의 국립중앙도서관 출판예정도서목록(CIP)은 서지정보유통지원시스템 홈페이지(http://seoji.nl.go.kr)
와 국가자료종합목록시스템(http://www.nl.go.kr/kolisnet)에서 이용하실 수 있습니다.
(CIP제어번호 : CIP2019017741)

앳워크(@Work)
앳워크는 자신만의 방법으로 세상에 접속하는 사람들을 위한
㈜메디치미디어의 경제경영 브랜드입니다.

아까 화냈어야 했는데

조명국 지음

앳워크

들어가며

아까 화내지 못한 당신을 위하여

"화를 붙들고 있는 것은 뜨거운 석탄을 손에 쥐고 누군가에게 던지려고 하는 것과 같다. 석탄에 손을 대는 것은 결국 우리 자신이다."

부처님 말씀 중에 이런 구절이 있습니다. 화를 다스리는 법에 대한 말씀 중 일부이지요. 화를 마음에 품지 말고 내려놓으라는 뜻일 것입니다.

하지만 제 귀에는 이 말이 곧이곧대로 들리지 않습니다. 부처님의 가르침대로 뜨거운 석탄을 손에서 내려놓았다고 쳐요. 그런데 그 뜨거운 석탄이 나를 향하고 있다면 어떡하죠? 내려놓은 뒤에도 계속해서 나를 겨냥하고 있으면요? 다시 그걸 집어 들어 다른 쪽으로 던져야 할까요? 아니면 가만히 있어야 하나요? 혹시 당신은 이도 저도 하지 못하고 뜨거운 석탄을 손에 움켜쥐고 괴로워하고 있지는 않은가요?

세상에는 분노를 조절하지 못해 흉악한 범죄자가 된 사람들의 뉴스가 연일 쏟아지고, 과도한 화를 조절해야 한다는 목소리가 넘쳐납니다. 그러나 평생 화 한번 제대로 내지 못해 끙끙 앓고 있는 사람들을 위한 이야기는 어디에서도 찾아보기가 어렵습니다. 자신의 화를 제대로 분출하는 법을 알려주는 가이드도 찾아보기 힘들고요.

그래서 이 책은 '아까 화냈어야 했는데 화내지 못한 모든 사람'들을 위한 책입니다. 머릿속으로는 완벽한 논리로 상대의 콧대를 꺾어버리는 상상을 하지만, 실제로는 분을 삼키며 들릴락 말락 한 목소리로 항의하는 데 그쳤던 당신에게 '제대로 화내는 방법'을 알려주고자 합니다.

이 책은 당신이 왜 화를 못 내는지를 분석하고, 그 원인을 심층적으로 찾아보는 것에서 출발합니다. 당신이 화를 내지 못하는 이유는 훨씬 다양하고 복잡합니다. 화를 내지 못하는 것은 단순히 소심한 성격 탓이 아니에요. 선천적 기질이나 자라온 환경, 상황적 요인에 따라 화를 낼 수 있는 역량은 크게 달라집니다. 오랫동안 무례한 사람들의 행동을 참고 견뎌낸 당신, 더 이상은 참고 살지 않아도 됩니다!

또한 '화'라는 감정의 원리를 살펴보고, 왜 화를 내야 하는지, 어떻게 화를 내야 하는지도 알아볼 것입니다. 화는 사람이 평생을 살아가면서 매 순간 함께하는 감정인데, 이 감정을 명확하게 설명할 수 있는 사람은 드뭅니다. 잘 알지 못해서 부정적으로만 인식되어온 감정이라고 할 수 있습니다. 화를 제대로 내고 싶다면, 화가 무엇인지부터 알아야 합니다.

마지막으로 어떤 상황에서도 꿀리지 않고 화를 내는 법을 구체적으로 알아볼 것입니다. 실전에 바로 써먹을 수 있도록 요. 감정에 휩쓸려 화를 내는 것과 제대로 화를 내는 것은 분명히 차이가 있습니다. 화를 낼 준비가 끝난 당신이라면 정정당당하게 화를 낼 수 있고, 화를 낸 뒤의 초조한 마음도 없앨 수 있습니다.

'아까 화냈어야 했는데……'라며 혼자 이불킥을 하고 있는 당신!

이제 이불 따위 던져버리고 화내기를 시작합시다. 주눅 들었던 나에서 필요할 땐 화를 낼 수 있는 나로 변해봅시다. 이 책을 읽고 나서는 지금과는 다른, 제대로 화낼 줄 아는 사람으로 거듭나 있을 테니까요. 지금도 늦지 않았습니다.

3부 이제는 나도 '화'낼 수 있다

4부 화를 내고도 잠 못 드는 당신에게

1부
나만 참으면 된다고 생각하세요?

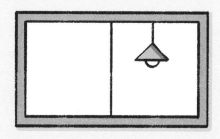

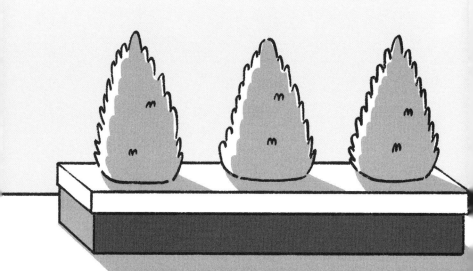

1장

화도 못 내는 나,
자존감이 문제다

본격적인 이야기에 앞서 몇 가지 질문을 해보겠습니다. 지금 눈앞에는 길가에서 흔히 볼 수 있는 돌멩이 하나가 있습니다. 그 옆에는 세상에 둘도 없는 값진 다이아몬드가 있습니다. 여러분이 이 돌멩이와 다이아몬드를 선물로 받았다고 생각해보세요. 이제 이 돌멩이와 다이아몬드는 당신의 것입니다. 자, 지금부터 돌멩이와 다이아몬드를 대하는 당신의 태도에 대해 생각해봅시다.

돌멩이에 누군가 낙서를 한다면 어떨까요? 누군가 마음대로 던져서 홈이 파인다거나 하는 상처를 입는다면요? 이 돌멩이를 다른 이에게 팔 수는 있나요? 혹시 어디에 두었는지 잊기도 하고, 심지어 누군가가 가져가서 처리해주기를 바라고 있지는 않나요?

반면 다이아몬드의 경우는 어떨까요? 같은 질문을 해봅시다. 누군가 마음대로 낙서를 하고, 마구 던져서 홈이 파이는 것을 두고 볼 수 있나요? 어디에 두었는지 잊을 수 있을까요? 만일 판다면 얼마에 팔까요? 혹시 공짜로 줄 수 있을까요?

당연히 똑같은 대답이 나오지 않을 것입니다. 다이아몬드와 관련해서는 타인의 부당한 행동에 단호하게 반응했을 것이고, 똑같은 행동이라도 돌멩이에 대해서라면 부드럽게 넘어갔을 것입니다.

실제로 위의 질문에 대한 사람들의 대답은 거의 같았습니다. 두 가지를 두고 반응하는 행동의 속도도 달랐지요. 돌멩이에 대해서는 "그럴 수도 있죠"라든가 "신경 안 써요"라고 느긋하게 대답한 사람들도 다이아몬드에 대해서는 즉각적으로 격렬하게 항의했습니다. 왜 사람들은 대상에 따라 이처럼 다른 행동을 보이는 것일까요?

그것은 바로 '가치'의 차이 때문입니다. 사람들은 누구라도 자신에게 가치가 있는 것은 소중하게 다룹니다. 그것이 부당한 대우를 받았을 때는 분노를 느끼며 단호하게 행동하고, 보상도 요구합니다. 즉, '존중'받기를 바라는 것입니다.

돌멩이와 다이아몬드의 가치 비교를 통해 우리는 부당한 대우에 화를 내지 못하는 이유를 짐작할 수 있습니다. 쉽게 말해, 내가 나의 가치를 낮게 평가하고, 나를 소중하게 여기지 않기 때문에 섣불리 화를 낼 수가 없는 것입니다. 만일 나 자신을 다이아몬드처럼 소중하게 여겼다면 단호하게 행동할 수 있었

17

을 테니까요.

그렇다면 왜 나 자신의 가치가 화도 제대로 못 낼 정도로 평가절하된 것일까요? 이번 장에서는 그 이유를 살펴볼 것입니다.

과도한 사랑이 할퀸 상처

여러분은 여러분 자신에 대해 어떻게 생각하나요? 스스로 가치 있는 사람이라고 생각하나요? 이 질문에 대한 대답에는 부모의 훈육 방식이 절대적인 영향을 미칩니다.

부모는 대개 자신이 살면서 구축해온 가치관에 따라 아이를 보살피고 가르칩니다. 예를 들어 외향적인 것을 중시하는 부모라면 자식이 세상의 중심이 되기를 바랍니다. 자식이 리더가 되어 사람들에게 많은 관심과 사랑을 받아야 한다고 믿고, 그 믿음에 따라 아이를 교육하지요. 여기까지는 별 문제 없어 보입니다. 그러나 문제는 그 자녀의 기질이 내향적일 때 일어납니다. 부모는 사람들 앞에 나서는 것을 꺼리고 피하려는 아이에게 "그건 잘못이야"라며 강하게 아이를 단련시키려고 하겠죠? 이런 경험이 20년간 반복된다면 아이는 어떻게 될까요?

자신의 본래 모습과 어긋난 평가를 하게 될 것입니다. 늘 혼나기 때문에 잘하는 것이 없다고 생각할 것이고, 자신에 대한 가치를 높게 평가하는 것은 불가능합니다. '나는 괜찮은 사람이 아니다'라는 생각이 머릿속에 각인되어 있기 때문에 자신을 있는 그대로 멋진 다이아몬드가 아니라 늘 노력해서 가꾸어야 하는 돌멩이라고 생각하게 됩니다.

EBS 다큐멘터리 〈다큐프라임 마더쇼크〉에서는 모성애에 관한 과학적 실험을 진행했습니다. 중학생 아이를 둔 한국 엄마와 미국 엄마를 대상으로 간단한 과제를 주고, fMRI(기능적 자기 공명 영상)로 그들의 뇌영상을 촬영했지요. 실험팀은 양국 엄마들에게 세 명의 다른 대상, 즉 '나', '아이', '타인(김연아)'을 제시하고, 그들을 나타내는 단어로 '훌륭하다', '뛰어나다' 같은 형용사를 늘어놓았습니다. 그리고 그 단어들의 조합, 예를 들어 '엄마+사려 깊은'과 같은 문장에 대해 '예' 혹은 '아니오' 버튼을 누르게 했습니다.

이 실험을 통해 양국 엄마들은 모두 동일하게 자신의 이야기에는 내측전전두엽이 활성화되고, 타인의 이야기에는 등측

전전두엽이 활성화되는 것을 알 수 있었습니다. 사실 두 부위가 정확히 무엇이며 어디에 붙어 있는지는 중요하지 않습니다. 자신과 타인을 인식할 때 활성화되는 뇌 부위에 차이가 난다는 것이 중요한 사실이지요.

그렇다면 아이에 대한 인식은 어떨까요? 내측전전두엽이 활성화될까요, 아니면 등측전전두엽이 활성화될까요? 아니, 질문을 바꿔보겠습니다. 아이는 타인인가요, 나인가요? 아무리 아이를 자신처럼 사랑한다고 해도 아이는 타인이지 않을까요? 놀랍게도 양국 엄마 모두가 아이에 대한 인식에는 내측전전두엽이 활성화되었습니다. 두 나라의 엄마들은 자신과 아이를 동일시하고 있다는 결론을 내릴 수 있었지요.

이번에는 중학생 아이들을 두 명씩 짝을 지어 넉 장의 카드 중 하나를 뒤집어 점수를 확인하는 게임을 진행했습니다. 이 게임은 나의 점수와 상대방의 점수를 그 자리에서 비교할 수 있도록 설계되었습니다. 그리고 실험팀은 이 게임을 하는 동안 엄마들의 '보상 뇌'를 촬영했습니다. 보상 뇌는 맛있는 음식을 먹거나 게임에서 이길 때 활성화되는 뇌 부위입니다. 한데 이번에는 한국 엄마와 미국 엄마 사이에 분명한 차이가 나타났습니다.

한국 엄마는 아이가 뽑은 카드의 점수가 상대적으로 높을 때에만 보상 뇌가 활성화되었습니다. 반면 미국 엄마는 절대적 점수가 높을 때 보상 뇌가 활성화되었고, 상대적인 높고 낮음에 따른 활성화 정도는 미미했습니다. 더불어 한국 엄마는 그것이 절대적으로 높은 점수더라도 상대방과 같은 점수를 얻었다면 보상 뇌의 활성화가 매우 낮게 측정되었습니다.

요약하자면, 부모는 자신과 아이를 동일시하며, 한국의 부모는 '상대적으로' 더 나은 보상에만 뇌가 활성화된다는 것입니다. 서울대학교 심리학과 최인철 교수는 이러한 차이를 서양과 동양의 사고방식 차이로 해석했습니다. 쉽게 말해 상대적인 위치로 스스로를 판단하는 동양인의 사고가 영향을 주었다는 것이죠.

마지막으로 실험팀은 낱말을 무작위로 배치해놓고 제시한 단어를 만드는 과제를 진행했습니다. 이 실험에서 양국 엄마들의 반응에 확연한 차이가 나타났어요.

미국 엄마는 아이가 과제를 어려워해도 충분히 오래 기다려주고 힌트를 거의 주지 않았습니다. 반면 한국 엄마는 아이가 어려움을 겪자 어떻게든 문제를 풀게 하려고 직간접적인 힌트를 주었습니다. 진행자가 의도적으로 잠시 자리를 비우자 노골적으로 답을 알려주기도 했지요.

왜 이런 결과가 나왔을까요? 엄마는 아이와 자신을 동일시하고, 아이의 실패를 곧 자신의 실패와 부족함으로 연결하기 때문입니다. 아이가 과제를 달성하지 못하면 엄마는 죄책감에 시달리고, 때론 부끄러움까지 느끼게 됩니다. 이 과제는 아이의 지능을 평가하는 실험도 아니었고, 성공한다고 보상이 주어지는 것도, 실패했다고 페널티가 주어지는 것도 아니었지만 엄마는 아이가 낱말을 맞추지 못하는 것에 전전긍긍하는 모습을 보였습니다.

대개의 부모는 이처럼 아이를 자신과 동일시하고, 아이의 성취를 통해 보상을 느낍니다. 반대로 아이가 상대적으로 잘 해내지 못할 때는 자신이 실패했을 때보다 더 큰 좌절감을 느끼고, 나아가 죄책감까지 느끼게 됩니다. 이런 뇌의 메커니즘은 부모가 자신의 못다 이룬 꿈을 아이를 통해 이루려고 하는 경우 극대화되어 나타납니다.

아이들의 입장에서 한번 생각해볼까요? 아이는 부모의 이런 '비뚤어진' 사랑을 어떻게 느끼며 자랄까요? 아이는 부모가 정한 기준을 충족해야만 사랑받을 수 있다고 생각합니다. 부모로부터 '조건부 사랑'을 받는다고 여기고, 스스로의 가치를 낮게 평가하게 되는 거지요.

체면과 삐침 사이에서

우리나라에서 흔히 쓰는 표현 중에 '체면이 안 선다', '체면치레'라는 말이 있습니다. '체면'은 사회적 지위에 맞는 행동 양식을 따르는 것을 뜻합니다. 쉽게 설명하면 사람이 처한 사회적 위치에 따라 행위의 종류와 범위가 결정된다는 뜻인데, 오랫동안 우리나라 사람들에게 영향을 준 유교적 사회질서하에서 형성된 개념이라고 할 수 있습니다.

체면은 감정의 표현을 억제합니다. 그래서인지 우리나라 사람들은 직접적인 표현으로 상대에게 상처를 주지 않으면서 원하는 것을 전달하기 위해 노력했습니다. 그로 인해 표현이

순화되면서 감정적으로 상처받는 일은 줄었을지 모릅니다. 그러나 이 우회적인 소통 방식에는 커다란 부작용도 따랐습니다. 바로 타인의 진짜 의도를 파악하기 위해 '눈치를 봐야' 한다는 것입니다.

이런 문화 탓에 우리나라 사람들은 감정 표현에 꽤 인색한 편이 되었습니다. 그것이 부정적인 감정이라면 더더욱 거부감을 불러일으키고, 그로 말미암아 자신의 의도와 다른 결과를 초래하는 일도 빈번하게 일어나게 되었습니다.

사실은 아무 의도가 없던 말에 상대의 진의가 무엇인지 상상하느라 애쓰고 말도 안 되는 오해를 한 적은 없나요? 스스로 한 말에 제 발이 저려서 전전긍긍하거나, 상대는 개의치 않는 일에 혼자 속앓이를 한 적은요? 때로는 별 의도 없는 상대의 행동에 화를 낸 경우도 종종 있을 것입니다.

체면을 생각하느라 자신의 마음을 직접 표현하지 못한 사람들은 자신의 감정을 나타내기 위해 새로운 표현 방식을 만들어냈습니다. 바로 '삐침'입니다. 삐침이란 자신의 마음을 제대로 표현하지 않으면서 부정적인 감정을 표현하는 행위를 말합니다. 문화심리학의 정의에 따르면, 상대와의 직면은 피하되 나의 감정 상태는 알리고 그 감정을 상대가 알아주길 바라는 한국인 특유의 의사소통 양식을 포함하는 정서를 삐침이라고 합니다. 이 삐침에는 서운함과 화, 불쾌함, 속상함, 소외, 무시 당한 느낌 등이 숨어 있습니다. 그리고 우리나라 사람들은 오랫동안 부정적인 감정들을 직접 표현하기보다 삐침이라는 우회적인 방식으로 표현하는 것을 학습해왔고요. 그러니 화를 내는 것이 어색하고 힘든 것은 당연한 일일지도 모릅니다.

이러한 체면과 삐침은 아이를 키우는 데에도 크게 작용합니다. 특히 어린아이를 미성숙하고 보호가 필요한 존재로 바라보는 문화는 부모가 아이의 감정과 행동을 존중하지 않게 했습니다. 또한 아이의 감정 표현에 대해서는 억압하거나 달래는 양극단 말고는 아이의 감정을 파악하고 존중해준다거나, 감정을 어떻게 표현해야 하는지를 알려주지 않습니다. 어린아이가 화를 내거나 슬퍼하는 상황을 상상해보세요. 이때 어른들에게서 나오는 주된 반응은 "어디서 버릇없이 어른 앞에서 화를 내" 혹은 "그런 거에 울면 안 돼", 아니면 "아이고, 내 강아지. 맛있는 간식 먹고 기분 풀어"입니다. 아이가 왜 그런 감정을 느꼈는지, 그 감정을 어떻게 표현해야 하는지는 중요하지 않습니다. 부정적인 감정은 가져서도 내비쳐서도 안 되며, 빨리 다른 관심사로 전환하는 것이 좋다고 아이들에게 가르치고 있는 셈입니다.

성적표를 중시하는 사회

우리나라에 사는 사람들은 대부분 자신이 원해서 학교를 들어
가지 않습니다. 정해진 나이가 되면 원하든 원하지 않든 누구
라도 어김없이 학교에 입학하고, 나라에서 규정한 정규수업을
들어야 합니다. 사람들은 이미 오래전에 정해진 기준에 따라
평가를 받고, 그에 따른 레벨이 정해집니다. 사실 이 평가 시스
템은 단순하게 과목을 나누어 그에 따른 학습 성과를 나타내는
수치에 불과합니다. 그러나 언제부턴가 이 평가 수치, 즉 성적
을 토대로 인생이 결정되고, 성적은 삶의 전반적인 부분에 영
향을 끼치기에 이르렀습니다. 선생님 말씀을 잘 듣고 성적이

좋으면 주위 사람들의 칭찬이 끊이지 않습니다. 성적이 낮고 공부에 큰 관심이 없으면 성실하지 못하다거나 집중력이 부족하다는 등의 부정적인 평가를 받게 되지요.

사람마다 발달 속도도 다르고 흥미도 적성도 다르지만, 우리는 성적에 따라 부정적이거나 긍정적인 평가를 받아왔고, 자신도 모르는 사이 그 평가 방식을 스스로 내재화하게 되었습니다. 자신이 선택한 것이 아니더라도 정해진 성과를 내지 못하면 스스로를 가치 없는 사람으로 평가하게 되고, 좋은 평가를 받기 위해 노력해야 한다는 강박에 사로잡히게 된 것입니다.

어릴 때는 그나마 단순히 성적만으로 평가합니다. 하지만 어른이 된 뒤에는 재산, 직업, 배우자의 유무 등 지극히 사적인 부분에까지 평가 항목이 확대되고, 이 시스템에 따른 자기 평가가 오래도록 우리를 지배합니다.

그렇다면 이 시스템의 승리자는 어떨까요? 승리했으니 마음이 편하고 즐거울까요?

안타깝게도 좋은 평가를 받았다고 해서 스스로의 가치가 높아지는 것은 아닌 것 같습니다. 물론 좋은 평가를 받았을 때 잠시나마 자신의 가치가 높아졌다는 생각이 들지도 모릅니다. 그러나 자신의 본질은 배제한 채 누군가에 의해 정해진 요소만으로 평가를 받는다고 생각해보세요. 늘 좋은 평가를 받아야 하며, 자신의 노력이 끝남과 동시에 평가 역시 나빠질 것이라는 생각에 늘 불안과 스트레스, 강박에 시달리게 됩니다. 이러한 평가 시스템하에서는 외부에서 요구되는 목표를 달성하는 극소수를 제외하고는 그 누구도 스스로의 가치를 높게 평가하기란 어려울 것입니다.

평균 유지의 덫

우리나라는 평균에 대한 강박이 유달리 심한 나라입니다. 아마도 자신의 위치로 사회적 지위를 판단하는 문화와 앞서 얘기한 평가 시스템의 영향을 크게 받은 탓일 것입니다. 그래서인지 보통의 삶과 다른 삶을 사는 사람들, 예를 들어 세계 일주를 하거나 온갖 어려움에도 자신의 꿈을 향해 돌진하는 사람을 보면 동경의 시선을 보내기도 하지만 대부분의 사람들은 지극히 보통의 삶을 추구합니다. 정규교육을 받고, 대학을 가고, 취직을 하고, 가정을 이루는 것이지요.

사실 요즘 세상에는 어떤 형태의 삶을 선택한다고 해도 굶어 죽는 일은 별로 없습니다. 다만 불안정한 미래와 주위 사람들의 따가운 시선이 무서울 뿐입니다. 자신의 가치를 인정하고 자신만의 삶을 선택하는 것이 두려운 이유입니다. 애초에 어려서부터 할 일이 너무 많아 자기만의 가치가 무엇인지 탐색할 수 있는 시간도 없지만요.

사람들은 흔히 미래에 대한 두려움을 없애려면 평균적인 삶에 집중해야 한다고 말하곤 합니다. 그러나 문제는 우리나라에서 평균적인 삶을 살기란 쉽지도 않을뿐더러 평균적인 삶을 사는 데 '성공'했다고 하더라도 크게 만족스럽지는 않다는 것입니다. 실제 사람들의 평균과 사람들이 생각하는 평균에는 꽤 큰 간극이 있기 때문입니다.

조사에 따르면, 우리나라에서 중산층이라고 생각되는 재산 및 소득 기준과 실제 중산층의 그것에는 큰 차이가 있습니다. 이를테면 사람들은 한 달에 511만 원 정도는 벌어야 중산층이라 생각하는데 자신은 366만 원 혹은 그 이하를 버니 중산층이 아니라 빈곤층이라고 본다는 것입니다.

이런 차이는 자신이 늘 부족한 삶을 사는 사람이라는 자기 인식을 만들어내고, 자신의 삶에 만족하고 집중하기보다 늘 한 발자국 더 나아가야 한다고 생각하게 만듭니다. 실제로 한때 공장의 생산량이 판매치를 따라갈 수 없을 정도로 큰 인기를 누린 '허니버터칩'이나 어느 집에나 한 벌씩 있다는 '롱패딩' 열풍은 소비를 통해서라도 평균에 들고 싶다는 심리가 작용한 것인지도 모릅니다.

자신을 '평균에 못 미치는 존재'라고 인식하게 되면 스스로에 대한 가치를 높게 평가할 수 없습니다. 지금 머릿속으로 '남들은'이라는 말로 시작하는 생각들을 떠올려보세요. 얼마나 많은 생각이 떠오르나요? 그리고 어떤 감정이 드시나요?

남들은 다 하는데, 나만 못 한다.

남들은 다 있는데, 나만 없다.

남들은, 남들은, 남들은……

과연 나는 실제로 그들에 비해 생활 수준이나 교육 수준이 떨어질까요? 꼭 그렇지는 않을 것입니다. 남들은 못 하는 일을 나만 할 수도 있고, 내가 못하는 일을 남들이 잘 해낼 수도 있다는 것을 인정해야 합니다. 물론 이렇게 호기로운 시각으로 세상을 바라보기란 쉽지 않지만요. 하지만 충분히 잘 살고 있는데 '난 아직 부족해'라든가 '더 열심히 해야 해', '남들은 다 잘만 사는데 나는 어째서……'라는 인식은 스스로의 가치를 떨어뜨리는 결과를 초래할 뿐입니다.

32

선천적으로 타고난 자신의 기질이 화와 어떻게 연결되는
지 간단한 성격 검사를 해볼까요?

누구나 한번쯤은 MBTI나 애니어그램으로 자신의 성격
을 검사해본 경험이 있을 겁니다. 그러나 실제로 심리
학 연구에서는 성격의 5대 요소 모델, 이른바 'Big 5'를
통해 성격 관련 연구를 시행합니다. 본래는 더 복잡하
고 정교한 검사지가 있지만, 여기에서는 TIPI(Ten-Item
Personality Inventory)로 대체하여 여러분의 기질적 특성을
알아보겠습니다.

TIPI는 총 10개 문항으로 이루어졌습니다. 각 문항에 나
온 성향 중 평소에 편하고 습관적으로 나오는 행동에 따
라 점수를 표시해주세요.

질문1. 나는 외향적이고, 열정적이다.

☐ 전혀 그렇지 않다. …1점　　☐ 어느 정도 그렇지 않다. …2점
☐ 약간 그렇지 않다. …3점　　☐ 그럴 수도, 아닐 수도 있다. … 4점
☐ 약간 그렇다. …5점　　☐ 어느 정도 그렇다. …6점
☐ 매우 그렇다. … 7점

질문2. 나는 비판적이고, 논쟁을 좋아한다.

☐ 전혀 그렇지 않다. ···1점   ☐ 어느 정도 그렇지 않다. ···2점
☐ 약간 그렇지 않다. ···3점   ☐ 그럴 수도, 아닐 수도 있다. ··· 4점
☐ 약간 그렇다. ···5점   ☐ 어느 정도 그렇다. ···6점
☐ 매우 그렇다. ··· 7점

질문3. 사람들에게 신뢰를 얻고, 자기 관리가 가능하다.

☐ 전혀 그렇지 않다. ···1점   ☐ 어느 정도 그렇지 않다. ···2점
☐ 약간 그렇지 않다. ···3점   ☐ 그럴 수도, 아닐 수도 있다. ··· 4점
☐ 약간 그렇다. ···5점   ☐ 어느 정도 그렇다. ···6점
☐ 매우 그렇다. ··· 7점

질문4. 나는 매사 불안해하고, 화를 잘 낸다.

☐ 전혀 그렇지 않다. ···1점   ☐ 어느 정도 그렇지 않다. ···2점
☐ 약간 그렇지 않다. ···3점   ☐ 그럴 수도, 아닐 수도 있다. ··· 4점
☐ 약간 그렇다. ···5점   ☐ 어느 정도 그렇다. ···6점
☐ 매우 그렇다. ··· 7점

질문5. 나는 새로운 것을 경험하기 좋아하고, 생각이 복잡하다.

☐ 전혀 그렇지 않다. ···1점   ☐ 어느 정도 그렇지 않다. ···2점
☐ 약간 그렇지 않다. ···3점   ☐ 그럴 수도, 아닐 수도 있다. ··· 4점
☐ 약간 그렇다. ···5점   ☐ 어느 정도 그렇다. ···6점
☐ 매우 그렇다. ··· 7점

질문6. 나는 내향적이고, 조용한 편이다.

☐ 전혀 그렇지 않다. ···1점   ☐ 어느 정도 그렇지 않다. ···2점
☐ 약간 그렇지 않다. ···3점   ☐ 그럴 수도, 아닐 수도 있다. ··· 4점

☐ 약간 그렇다. ···5점   ☐ 어느 정도 그렇다. ···6점
☐ 매우 그렇다. ··· 7점

질문7. 나는 인정에 약하고, 다정하다.

☐ 전혀 그렇지 않다. ···1점   ☐ 어느 정도 그렇지 않다. ···2점
☐ 약간 그렇지 않다. ···3점   ☐ 그럴 수도, 아닐 수도 있다. ··· 4점
☐ 약간 그렇다. ···5점   ☐ 어느 정도 그렇다. ···6점
☐ 매우 그렇다. ··· 7점

질문8. 나는 무질서하고, 부주의하다.

☐ 전혀 그렇지 않다. ···1점   ☐ 어느 정도 그렇지 않다. ···2점
☐ 약간 그렇지 않다. ···3점   ☐ 그럴 수도, 아닐 수도 있다. ··· 4점
☐ 약간 그렇다. ···5점   ☐ 어느 정도 그렇다. ···6점
☐ 매우 그렇다. ··· 7점

질문9. 나는 침착하고, 정서적으로 안정되어 있다.

☐ 전혀 그렇지 않다. ···1점   ☐ 어느 정도 그렇지 않다. ···2점
☐ 약간 그렇지 않다. ···3점   ☐ 그럴 수도, 아닐 수도 있다. ··· 4점
☐ 약간 그렇다. ···5점   ☐ 어느 정도 그렇다. ···6점
☐ 매우 그렇다. ··· 7점

질문10. 나는 변화를 싫어하고, 창조적이지 않다.

☐ 전혀 그렇지 않다. ···1점   ☐ 어느 정도 그렇지 않다. ···2점
☐ 약간 그렇지 않다. ···3점   ☐ 그럴 수도, 아닐 수도 있다. ··· 4점
☐ 약간 그렇다. ···5점   ☐ 어느 정도 그렇다. ···6점
☐ 매우 그렇다. ··· 7점

질문에 대한 답이 나왔나요? 그럼 각 질문에 대한 자신
의 점수를 다음의 항목별 수식에 대입하여 계산합니다.

▶ 성실성={질문3의 점수+(8−질문8의 점수)}÷2

▶ 친화력={질문7의 점수+(8−질문2의 점수)}÷2

▶ 정서적 안정성={질문9의 점수+(8−질문4의 점수)}÷2

▶ 경험 개방성={질문5의 점수+(8−질문10의 점수)}÷2

▶ 외향성={질문1의 점수+(8−질문6의 점수)}÷2

각 항목별 자신의 점수를 확인했나요? 그럼 이제부터 성
인 30만 5830명을 대상으로 한 설문조사의 결과와 자
신의 점수를 비교하여 나는 과연 화를 잘 내는 사람인지
아닌지를 알아봅시다.

▶ 성실성 : 평균 4.61점, 6.0점 이상은 높음, 3.2점 이하는 낮음

▶ 친화력 : 평균 4.69점, 5.9점 이상은 높음, 3.5점 이하는 낮음

▶ 정서적 안정성 : 평균 4.34점, 5.8점 이상은 높음, 2.9점 이하는
   낮음

▶ 경험 개방성 : 평균 5.51점, 6.6점 이상은 높음, 4.4점 이하는
   낮음

▶ 외향성 : 평균 3.98점, 5.6점 이상은 높음, 2.4 이하는 낮음

[1] 성실성이 높다면? 신중하게 생각하느라 화를 못 낸다.

성실성 점수가 높게 나왔다면 평소에 '체계적이다', '질서 있다', '주의 깊다', '끈기 있다', '신중하다', '조심성 있다', '충동적이지 않다' 같은 말을 들었던 경험이 많을 것입니다. 반대의 경우엔 '무질서하다', '즉흥적이다', '부주의하다', '경솔하다', '충동적이다' 같은 말을 많이 들었을 거고요.

생각에 생각을 거듭하는 당신! 화는 촉발된 직후 3분이 지나면 불같은 느낌이 사라집니다. 한데 당신은 신중하게 생각하느라 화를 낼 타이밍을 놓치고 말았네요. 그러나 당신의 화는 완전히 사라지지 않았기 때문에 나중에 다시 생각이 떠오르고 이불킥을 시전하게 됩니다.

[2] 친화력이 높다면? 다른 사람을 생각하느라 화를 못 낸다.

친화력이 낮은 반(反)친화적인 사람들은 보통 자기주장이 강하다고 여겨집니다. 또한 그들은 분노, 냉소, 반감 등을 잘 일으키는 모습을 보여주고, 그렇기에 화 역시 잘 낼 수 있습니다. 친화력이 높은 사람은 다른 사람에

게 공감하느라 정작 자신이 화나는 상황을 인지하지 못합니다. 화를 내려고 하다가도 '쟤도 무슨 이유가 있겠지' 하고 상대방의 입장을 먼저 생각한다는 것이죠. 그러나 좋은 인간관계를 유지하는 동안 당신의 화는 차곡차곡 쌓여갈 것입니다.

(3) 정서적 안정성이 낮다면? 화가 나는 상황이 너무 많다.

정서적 안정성은 주위 환경에 나타나는 부정적 신호에 대한 민감도와 관련된 항목입니다. 우리 몸에는 위협이 발생했을 때 활성화되는 편도체라는 기관이 있는데, 이 편도체가 남들보다 더 과하게 활성화된 사람이 정서적 안정성이 낮다고 봅니다. 정서적으로 안정되지 않은 사람은 다른 사람은 모르고 지나칠 법한 일에 예민하게 반응합니다. 예를 들어 상대의 미묘한 표정 변화, 나를 피하는 것처럼 보이는 행동을 그냥 넘어가지 못하는 것입니다. 그러나 정작 화는 내지 못하고, 화가 나는 상황이 많을 뿐입니다.

(4) 경험 개방성이 낮다면? 새로운 상황이 불편하다.

경험 개방성은 새로운 생각, 새로운 상호작용, 새로운

환경을 수용하는 성향으로 창조성과 밀접하게 연관되어 있습니다. 이 점수가 높은 사람은 세상을 해석하는 방식이 좀 더 복합적입니다. 반대로 낮은 사람은 새로운 시도를 하기보다는 늘 하던 것을 하는 것을 편하게 생각하고, 경험하지 않은 일에 대해 일단 거부감을 드러냅니다. '그럴 수도 있지 뭐'라고 넘어갈 수 있는 사안을 '어떻게 그럴 수 있지?'라고 생각하면 화가 날 수 있다는 것입니다. 새로운 생각이나 환경에 거부감이 들면 불안과 걱정이 늘고, 화가 쌓이기 마련입니다.

(5) 외향성이 낮다면? 화는 나에게 너무 큰 자극입니다.

외향성과 내향성은 유전적 영향이 높은 기질입니다. 사람들의 생각과 달리 내향적인 사람의 뇌에서는 신피질의 특정 영역이 흥분하는 정도가 높고, 외향적인 사람의 뇌는 흥분 정도가 낮습니다. 그래서 내향적인 사람들은 보통 흥분 정도를 낮추고 싶어 하고, 외향적인 사람들은 흥분 정도를 높이고 싶어 합니다. 따라서 내향적인 사람은 더 이상의 자극이 없길 바라며, 혼자나 소수의 사람하고만 함께하기를 바랍니다. 반면 외향적인 사람은 부족한 자극을 높이려 사람들을 찾아 시끄럽고 활동적인 곳으로 가는 것입니다.

이미 평소에 흥분 정도가 높은 내향적인 사람들은 화가 날 상황에서 화를 내는 것을 피하고자 합니다. 화를 냄으로써 이어질 일련의 과정들(화를 내서 상대방이 놀라고 상처받거나, 상대도 화를 내는 등)이 너무 강한 자극으로 다가오기 때문이죠. 반대로 외향적인 사람들은 화를 내는 데 큰 거리낌이 없는 경우가 많습니다. 극심하게 화를 내는 것이 아니라면, 자기 안에서 과한 자극으로 느껴지지 않기 때문입니다.

만족할 만한 결과가 나왔나요? 이 간단한 테스트를 통해 당신이 기본적으로 다른 사람에 비해 화를 내는 것이 얼마나 어려운 사람인지 알 수 있습니다. 그렇다고 "역시 나는 화를 못 내는 사람이야!"라고 부정적인 결론을 내릴 필요는 없습니다. 본래의 내가 가진 성향을 알고 있어야 개선할 부분을 알 수 있으니까요.

TIPI는 간단한 검사에 속합니다. 정식 심리 검사의 경우 문항도 많고 복잡하며, 검사자의 분석이 함께하므로 더 정확한 결과를 알 수 있습니다. 이 TIPI 점수는 내 성격이 대략 어떤지 정도만 파악하는 가벼운 테스트일 뿐이니 너무 확신하지는 마세요.

2장

나는 왜 화내지 못하는
사람이 된 걸까?

정신분석학자인 안나 프로이트 (Anna Freud)는 사람이 고통스러운 감정이나 받아들이기 힘든 감정으로부터 자의식을 보호하고, 그러한 감정에 노출되는 것을 피하게 해주는 것을 가리켜 '방어기제'라고 정의했습니다. 사람은 누구나 자신의 경계가 무너지거나 존중받지 못하는 것에 두려움을 느낍니다. 방어기제는 그것을 경계할 수 있도록 도와주며, 친구, 가족, 연인, 혹은 불특정 타인을 대할 때 여지없이 드러납니다.

화를 내야 할 상황에도 '나만 참으면 되지, 뭐', '이유가 있겠지' 하고 화를 참고 넘겨버리는 당신은 다양한 관계 속에서 화를 참는 것에 익숙해져왔습니다. 하지만 화를 계속 참다 보면 화내지 않는 사람이라며 '호구' 취급을 받거나, 화가 잘못 분출될 수도 있습니다. 나는 왜 화를 내지 않는 사람이 된 것일까요? 각각의 상황 속에서 우리가 화를 참게 된 이유를 살펴봅시다.

나는 동네북이 아닙니다
- 가족관계

자식이 부모에게 화를 내지 못하는 가장 큰 이유는 뭘까요? 아마도 '자식을 키우느라 고생하신 부모님께 반기를 드는 것은 불효'라고 생각하는 우리나라 고유의 정서 탓일 거예요. 그래서 화를 내려다가도 '자식이니까 편하게 말씀하신 거겠지' 혹은 '오래된 생각을 바꾸실 순 없는 거겠지', '사실은 나를 걱정해서, 내가 잘되라고 하는 말씀이실 거야' 등의 생각을 '억지로' 떠올리고는 화를 참는 것입니다. 물론 그렇다고 태어나서 부모에게 화를 내본 적이 한 번도 없는 사람은 보기 드뭅니다. 어렸을 때는 곧잘 투정도 부리고 화도 냈을 거예요. 다만 나이를 먹어가면서 한 인간으로서 이해되는 부분이 생기기도 하고, 여러 이유로 화를 내기보다는 참는 쪽으로 흘러가는 것이지요. 이제 가족관계에서 발생하는 화와 관련된 문제를 여러 가지 상황 속에서 살펴볼게요.

부모의 억지

사례1) 난 첫째로 태어나고 싶었던 게 아니야!

난 첫째다. 물론 내 의지로 첫째로 태어난 건 아니다. 태어나 보니 첫째였을 뿐인데, 부모님은 어째서 내게 첫째임을 강조할까? 첫째니까 참고, 첫째라서 양보했다. 그러는 사이 나는 책임감이 있는 사람인지, 강요된 책임감을 갖게 된 사람인지 불분명해졌다. 난 정말 첫째형 인간일까? 잘 모르겠다. 나는 도대체 누구일까?

#첫째 #엘사 #겨울왕국 #렛잇고 #엄마 #양보 #강요 #책임감 #내가_누린건_뭐지?

사례2) 공무원은 아무나 되나?

부모님께서 또 공무원 이야기를 꺼내셨다. 누구누구네 자식은 공무원 준비를 해서 2년 만에 몇 급 공무원이 되었단다. 엄마 친구 자식들은 어째서 공부만 했다 하면 합격하는 걸까? 수능도 간신히

보고 대학에 들어갔는데 대체 어쩌라는 건지……. 더군다나 합격할 때까지 얼마나 공부해야 할지도 모르는데 무턱대고 공무원 준비를 하라니……. 아무리 생각해도 불가능한 일이다.

#공무원 #고시 #부모님압박 #공무원합격은 #에듀x #서경석 #내머리그렇게좋지않아요 #안되는_사람천지인데 #왜_나는_될거라고_생각해요 #30분_앉아있으면_땀이차서_못함 #안해 #아니못해 #뭘하고싶은걸까 #여행이나가고싶다

사례 속 주인공들은 부모의 기대에도 부응하고 순응하지 못했을 뿐 아니라 자신의 인생조차 맘대로 살지 못하고 있습니다. 이러한 상황에서 당신이라면 화를 참고 있을 건가요?

화를 내도 먹힐 것 같지 않아 화를 참는 것입니다. 그동안 화도 내보고, 울기도 해보고, 부탁도 해보았을 테니까요. 하지만 아무리 해도 뜻을 굽히지 않는 부모의 태도에 지쳐서 스스로 자신의 뜻을 포기하기에 이릅니다.

대부분의 부모는 오랫동안 자신들이 고수해온 가치관을 토대로 자식을 양육합니다. 때문에 그들의 가치관이 나의 것과 다르다고 해서 쉽게 배척할 수는 없는 일이지요. 갑자기 세상을 바라보는 렌즈를 바꿔 끼라고 할 때 불안과 두려움을 느끼지 않을 사람은 없습니다. 당장 "앞으로는 화를 내세요!"라고 말해봐야 바로 실행하기란 어려운 것처럼 말이죠. 부모님은 자신의 가치관이 자신뿐 아니라 자식도 힘들게 하고 있는 것을 알더라도 쉽게 태도를 바꿀 수 없습니다. 그래서 당신은 그들의 가치관에 순응하지도, 완벽하게 거부하지도 못하고 회피하거나 참는 쪽을 택하게 되지요.

친척 간 싸움의 탱커

사례) 결혼은 꼭 해야 하는 건가?!

주위에서 결혼한다는 소식이 심심치 않게 들려온다. 내 나이 앞자리도 어느새 3이 돼버렸고, 명절 때가 되면 친척들 사이에서 내 결혼 문제는 단골손님처럼 등장한다. 그나마 괜찮은 사람 없느냐는 질문은 감사한 수준이다. 그 나이가 되도록 뭘 했냐는 말을 시작으로 면전에서 내 나이를 세어주신다. 친절하기도 하시지. 주변에는 행복하게 결혼생활을 유지하는 사람도 있지만, 외도나 시댁과의 갈등, 성격 차이, 자녀 양육 문제로 골머리를 앓는 사람들도 있다. 그들을 보면 결혼이란 걸 해야 하나 싶은데, 주위에서는 결혼하지 않으면 뭔가 하자가 있는 사람으로 보는 것 같다. 나는 사실 지금 결혼을 하고 싶은지도 명확하지 않은데…….

#결혼 #오지랖 #등쌀 #불안 #걱정 #나이 #정말필요한걸까 #좋은사람

친척들과 만나는 자리는 반갑다기보다는 부담스럽고 불편한 자리가 되기 쉽습니다. 본 지 오래돼서 얼굴도 기억나지 않는데 자식과 나를 비교하면서 은근히 자랑하는 외숙모, 내 나이도 정확히 모르면서 지금 나이에는 뭘 해야 한다고 훈계하는 삼촌……. 자주 만나지 않아 공통된 화제가 없을수록 이들은 이런 껄끄러운 주제들을 꺼내게 됩니다. 또 가족 간에 생긴 서운함이나, 같은 핏줄이지만 결과적으로 차이가 나는 부분에서 느끼는 열등감이 자식인 우리를 향하는 경우도 많아요. 그들은 당신의 부모님에게 쌓인 불만을 직접 토로하기 힘들어서 덕담과 걱정의 형태로 당신을 공격하기도 합니다. 문제는 손윗사람이라는 것 때문에 그들의 폭언에 제대로 된 대응조차 하지 못한다는 점입니다. "아, 네" 혹은 "알아서 할게요"나 "잘 되겠죠, 뭐"라는 소극적인 대응이 당신이 할 수 있는 최대한의 반격입니다.

왕따가 될까봐 두려운가요?
- 친구관계

친구가 나에게 무례하게 굴거나 심한 장난을 쳐도 화를 내지 못하는 당신. 아마 그건 당신이 화를 내면 그 파장이 얼마나 클지 예상하기가 어렵기 때문일 것입니다. 내가 부정적인 감정을 내비쳤을 때 상대가 받을 상처가 걱정되기도 하고 친구관계를 끊자고 하거나 나에 대한 뒷담화를 하는 등 상대의 반격도 두렵습니다.

그러나 아무리 내가 속마음을 숨기고 그들의 무례함을 참는다고 해도 관계는 결국 나빠지거나 단절되는 방향으로 흘러갑니다. 그들 때문에 당신은 계속 속이 상할 테니까요. 당신의 상처를 모르는 친구는 계속해서 당신의 속을 긁어대고, 참다 참다 지친 당신은 느닷없이 버럭 화를 내거나 예고 없이 관계를 단절해버릴 수도 있습니다. 그렇게 되면 황당한 친구는 당신에게 독을 품은 화살이 되어 돌아오겠지요.

동성 친구

사례) 믿었던 네가 뒷담화의 근원지라니!

이 친구에겐 힘든 일, 즐거운 일 할 것 없이 다 털어놓았다. 공감도 잘해주고, 때론 진심 어린 조언도 해줘서 편하게 마음을 터놓을 수 있었다. 물론 친구는 나만큼 자기 속내를 내보이지 않았지만. 그런데 나중에서야 그 이유를 알게 되었다. 그 친구는 내가 자신의 험담을 하고 다닐지도 모른다고 생각했던 것 같다. 마치 자신처럼.

어느 순간부터 누구에게도 말한 적이 없던 나의 부끄러운 과거를 주변 사람들이 알고 수군거렸다. 다소 놀리는 투가 분명했다. 나는 나에 대해 알지도 못하는 사람들이 떠들고 다니는 것에 당황하고 어이도 없었고, 그보다도 어떻게 그걸 알았는지가 더 궁금했다. 다행히 다른 친한 친구가 사건의 전모를 이야기해주었다. 내가 이야기를 털어놓았던 그 친구를 멀리하라고. 그 친구가 내

이야기를 하면서 뒤에서 흉을 보고 있다는 것이었다. 충격과 공
포……. 믿었던 사람에게 발등 찍히는 기분이 이런 거구나…….

#신뢰 #속마음 #뒷담화 #믿은내가바보 #열등감이라도_있었나 #이해못
함 #충격 #공포 #멘탈더짐 #카톡차단 #모르는척오짐 #내앞에선천사 #
밖에선프로뒷담러

    동성 친구 사이에 이런 경우는 왕왕 벌어집니다. 대놓고
화를 내는 것도 아니고, 당신을 모함한다는 물증이 있는 것도
아닙니다. 뭐라고 설명할 길이 없는, 말하자면 '알 듯 말 듯한
공격'을 당하는 것이지요. 이런 상대와 대화를 한 후에는 딱 꼬
집어 설명하기 어려운 착잡한 기분에 사로잡히게 됩니다. 그런
데 대놓고 화를 낼 수도 없는 노릇입니다. 게다가 우리는 갈등
을 피하고 싶어 자신의 감정에 눈을 감아버리기 일쑤이지요.
물론 당신이 참고 넘어간다고 해서 상대가 공격을 멈추는 것은
아닙니다. 더 교묘하게 행동하면서 책임을 회피해버리는 것이
대부분입니다. 왜 이런 상황이 생기는 것일까요?

    적잖은 경우, 상대는 내심 당신이 스스로 자폭하기를 바라
는 마음이 큽니다. 그 원인이야 다양하지만, 주로 당신을 향한
열등감에서 비롯된 시기심일 가능성이 큽니다. 아마 여기에서
당신은 '그 애가 도대체 왜?'라는 의구심을 가질 것입니다. 자

신을 가치 있게 여기는 사람이라면 남들을 깎아내릴 이유가 없습니다. 그러나 상대는 그렇지 못한 것입니다. 자신이 갖지 못한 부분을 당신이 누리고 있는 것에 대한 열등감, 그리고 그것을 해소하려는 비뚤어진 욕구가 그렇게 발현된 것이라고 할 수 있습니다. 당신은 자신도 모르는 사이에 상대의 '적'이 되었고, 이미 상대의 공격은 시작되었습니다.

자, 그렇다면 당신을 공격하는 그 상대의 특징과 욕구는 어떤 것일까요?

그들은 대체로 스스로의 가치를 낮게 평가하고, 예민한 성격을 지녔을 확률이 높습니다. 그래서 쉽게 열등감에 사로잡히고, 자신보다 나은 환경이나 조건을 가진 당신에게 화가 나는 것입니다. 실제로 내 상황이 어떤지는 중요하지 않습니다. 상대가 그렇게 해석하면 끝입니다.

그들은 마음에 들지 않는 당신을 공격하고 싶고, 자신보다 잘나가는 (것처럼 보이는) 당신을 질투합니다. 심지어는 당신을 자신 아래에 두고 통제하려 하기도 합니다. 그들은 주위 사람들에게 대놓고 거부당하거나 공격받는 것을 극도로 두려워하는 경우가 많습니다. 자신은 절대로 사람들의 입에 오르내리고 싶어 하지 않아요. 그러니 그들의 행동 패턴을 알고, 그들과는 거리를 두는 것이 필요합니다.

이런 친구들이 주로 사용하는 '은근한 공격'을 좀 더 자세히 알아봅시다.

• "어머, 오늘이 네 생일이었어? 난 몰랐지."

친구들과의 단체 채팅방에서 이런 말에 속상했던 적이 있나요? 친한 친구들끼리 개설한 채팅방에서는 그날의 기분부터 회사일, 가족 이야기, 심지어 이성 친구의 험담까지 오갑니다. 메신저는 대놓고 생일을 알려주기까지 합니다. 한데도 당신의 생일을 모르는 척 넘어간 뒤 능청스럽게 되묻는 그 사람. 하지만 당신은 자신의 생일을 일부러 잊어버린 척하는 그 사람에게 화를 내거나 서운한 기색을 내비치지 못합니다. 축하는 강요할 수 있는 것이 아니니까요. 속상한 마음을 애써 숨기는 당신을 보며 그 사람은 속으로 미소를 짓고 있겠지만요.

• "넌 생각이 참 특이하구나."

사사건건 당신의 의견에 반기를 드는 그 사람. 그 사람은 나의 말과 행동에 동조하지 않습니다. 오히려 당신의 의견을 세상 이치에 맞지 않는, 특이하고 이상한 발상으로 만들어버리곤 합니다. 이런 반응이 쌓여갈수록 당신은 화가 나기보다 '내가 정말 이상한가?' 하고 자책하는 수순을 밟곤 하지요. 그러나 다시 생각해보면 이것은 지능적으로 당신을 공격한 것입니다.

- **"너에 대한 이야기가 많이 들린다. 너 걱정돼서 그래."**

'교묘함 레벨'이 가장 높은 유형입니다. 마치 당신을 생각해주는 듯한 뉘앙스로 가장하고 있으니까요. 하지만 곰곰이 생각해보면, 당신에 대한 이야기가 그렇게 많이 들린다면 분명당신의 귀에까지 들어왔을 것입니다. 사람들이 굳이 그 사람에게만 몰려가서 당신의 이야기를 털어놓지는 않을 테니까요.

만일 누군가 이런 말로 당신에 대한 부정적인 이야기를 시작한다면 '너의 이야기가 많이 들린다'를 '너의 이야기를 내가 많이 하고 다닌다'로 생각하면 거의 맞습니다. 상대는 표면적으로 당신을 걱정하는 척할 뿐입니다. 정말 당신을 걱정했다면, 굳이 떠돌아다니는 이야기를 전달하기보다 진정 어린 조언을 했을 거예요.

이성 친구

사례) 서운함을 넘어 화가 난다고!

사랑하는 사이라면, 아니, 적어도 사귀는 사이라면 서로에게 지켜야 할 예의라는 게 있지 않을까? 이렇게까지 함부로 말하다니. 우리가 너무 친밀해진 탓일까? 때로 넌 날 너무 존중하지 않아. 너의 '편해서 좋아'라는 말도 이제는 곧이곧대로 들리지 않아. 차라리 조금은 불편했으면 좋겠어. 그런 말들이 나에게 상처가 된다고 이야기했지만, 너는 변하지 않더라. 같은 문제로 매번 화내는 것도 이제는 지친다. 우리, 맞지 않는 건가?

#상처 #싸움 #다툼 #예의 #너는편하지 #나는불편한데 #존중 #이별각?
#모르겠다 #성격차이인가 #쿨하지못해미안해 #그래도이건아닌듯

"왜 만나는 거야 도대체?", "그 사람이 너를 사랑하긴 하는 거야?"라는 말이 자연스럽게 튀어나올 법한 연애를 하고 있나요? 혹은 그런 연애를 하는 사람이 주변에 있나요?

당신을 존중하지 않고 함부로 대하는데도 화내지 못하고 헤어지지 못하는 것은 당신이 자신을 소중하게 생각하지 않기 때문입니다. 그리고 여기에는 '관계 단절의 공포'가 크게 자리하고 있습니다. 제3자가 당신의 존재감을 인정해주었을 때에야 비로소 자신이 사랑받는 인격체라고 인식하는 것이지요.

그러다 보니 스스로 화를 내서 관계가 끊어지는 것만큼 두려운 것은 없습니다. 당신의 머릿속에는 '사랑하는 사람이 없는 상태=부족한 상태' 혹은 '헤어지는 것=연애 실패'라는 인식이 크게 자리 잡고 있어 부당한 행위에도 화를 내기 어렵습니다.

원만한 관계를 지속시키기 위해서는 서로에게 어떤 부분에서 화가 나는지, 서로 그 화를 어떻게 풀어가는지가 무척 중요합니다. 하지만 당신은 상대와 빚는 갈등과 그로 인해 화를 내는 것이 관계의 끝을 의미한다고 생각하기 때문에 쉽사리 화를 내지 못합니다. 결국에는 참고 참다가 터져버려서 헤어짐에 이를 것이 뻔한데 말입니다.

한편 상대의 성격이 유약한 경우에도 화를 내지 못합니다. 온실 속의 화초처럼 살아왔기 때문에 유약한 사람도 있고, 씻을 수 없는 심각한 마음의 상처를 품고 사는 사람도 있습니다. 한데 마음의 상처를 성숙하게 회복시키지 못한 사람은 쉽사리 마음을 열지 못합니다. 한번 마음을 열었다고 해도 끊임없이 관계를 불안해하고 작은 말에도 쉽게 상처받곤 하지요.

그런 상대와 호감과 연민이 얽힌 복합적인 감정에서 시작한 연애라면, 당신은 상대에게 상처가 될 것 같은 말을 꺼내기가 어려울 것입니다. 당신의 한마디에 너무 심각하게 아파할 것이 불 보듯 뻔하기 때문입니다. 당신이 화를 낸다고 해서 문제가 해결될 것이라는 확신도 서지 않을 테고요.

사표를 품고 살아갑니다
- 사회생활

회사에서 화를 내지 못하는 이유는 권력과 관련이 깊습니다. 여기서 권력이란 '남을 복종시키거나 지배할 수 있는 공인된 권리와 힘'이나 '어떤 사람이나 집단이 다른 사람이나 집단에 영향력을 미칠 수 있는 잠재적 능력'을 뜻합니다. 그리고 회사는 이러한 권력에 영향을 많이 받는 대표적인 환경이지요.

　회사는 명확한 계급으로 서로를 부르고, 그 계급에 따라 역할과 권한이 부여됩니다. 사장, 부사장, 전무, 상무, 이사, 부장, 차장, 과장, 대리, 주임, 사원의 각 계급은 직속된 하위 계급의 모든 이에게 권력을 행사할 수 있습니다.

그러나 권력은 상대적인 개념입니다. 말하자면, 과장이 대리 이하의 직원들에게 화를 내다가도 차장 이상의 상위 계급이 나타나는 순간 과장의 권력은 순식간에 상실됩니다. 더군다나 이 권력 구조는 구성원들이 권력을 가진 사람이 통제하는 자원을 얼마나 원하는가에 따라 그 권한이 달라집니다. 쉽게 말해 상위 계급에서는 하위 계급 직원이 원하는 진급이나 보너스를 결정할 수 있는 권한이 막강한 힘이 되는 셈입니다. 흔히 우스갯소리로 "로또에 당첨되기만 해봐, 할 말 다 하고 때려치울 거야!"라는 말을 합니다. 이 말은 자신의 상위 계급이 쥐고 있는 자원이 더는 필요하지 않게 되면 그들의 권력이 사라진다는 것을 뜻합니다. 더는 눈치 보지 않고 하고 싶은 말을 다 할 수 있다는 뜻이기도 하고요.

권력의 심리학

사례) 사소한 걸로 트집잡는 팀장X끼!

띄어쓰기 맞는 게 없다, 오탈자가 눈에 띈다, 들여쓰기를 해라, 폰트가 왜 그 모양이냐, 내용을 넣어라, 아니다, 빼라, 중요한 것만 써라, 이걸 위에서 알아듣겠냐? 배경설명을 넣어라…….

나의 보고서는 오늘도 세 번이나 되돌아왔다. 외부로 나갈 보고서라면 내가 이해를 한다. 내부에서 아이디어 공유 차원에서 올리는 문서인데, 이런 사소한 것에 신경 쓰면 당신들이 주구장창 말하는 '뭔가 새롭고 창의적인 거'는 저 멀리 안드로메다로 가겠지.

#보고서 #빠꾸 #팀장세끼 #X새끼 #그냥네가써 #책을쓰고있는건가 #팀장님이아니라편집장님이었나 #편집증이_있는게_아닐까 #뭣이중헌디 #뭣이중한지도모르믄서

권력과 관련된 심리학 이론으로 '접근–회피 이론'이 있습니다. 접근–회피 이론에서 접근 성향은 자신이 처한 환경에서 잠재적 보상을 크게 바라보는 성향을 말하고, 회피 성향은 잠재적 위협을 크게 보는 성향을 말합니다. 심리학자 대커 켈트너(Dacher Keltner) 연구팀에 따르면, 개인이 느끼는 권력의 감정에 따라 접근, 억제 성향의 활성화 정도가 달라진다고 합니다. 이제 막 회사에 입사한 당신이라면, 혹은 상하 구조가 엄격하게 나뉜 조직이라면 경영자가 아닌 이상 당신의 억제 성향은 시도 때도 없이 활성화되곤 합니다. 실제로 내가 화를 낸다고 해서 회사 사람들이 나를 이상하게 보거나 퇴사 압박으로 이어지지는 않을지라도, 당신이 느끼는 위험도는 상상보다 훨씬 크게 다가옵니다. 그러나 정상적인 회사라면 정당한 이유로 화를 낸 사람을 해고하는 곳은 극히 드뭅니다. 물론 눈치는 좀 봐야

겠지만 말이죠.

반면 조직 내에서 작은 권력이라도 갖게 되면 접근 성향과 함께 탈억제가 활성화됩니다. 탈억제란 억제해야 할 것을 억제하지 않고 마음대로 행사하는 행위를 뜻합니다. 상대방에게 굳이 하지 않아도 될 말들을 해서 상처를 주기도 하고, 상식적으로 받아들이기 힘든 일을 저지르기도 합니다. 다시 말해서 회사라는 공간은 권력의 감정을 느끼기 쉬운 환경이며, 권력이 많은 사람일수록 탈억제 성향으로 인해 상대에게 화를 불러일으킬 만한 행동을 취하기에 매우 적절한 공간입니다. 반면, 같은 행동에 대해 평소라면 버럭 화를 내는 사람들도 회사라는 공간 안에서는 억제 성향이 활성화되어 화내기 어렵게 됩니다.

퇴사 욕구

사례) 휴가를 쓰랍니다

연말이 다 되어 휴가를 쓰라는 말을 하는 상사의 뒤통수를 때리고 싶었다. 내가 안 쓰는 게 아니란 걸 뻔히 알면서 이런 모욕감을 주다니! 여름휴가 시즌에는 다른 사람들이 연차를 많이 쓴다고 눈치를 엄청 주더니, 이제는 쓰라고?! 일이나 그만 줘, 휴가 좀 펑펑 쓸게! 이도 저도 안 되면 모두 돈으로 받아버릴 거야!

#휴가 #연말 #뒤통수 #빡 #연차 #일 #오늘도야근각 #그런데휴가를쓰란다 #집에서일하라는건가 #실소가터짐

앞에서도 설명했지만, 우리가 회사에서 마음 놓고 화를 내지 못하는 것은 생존과 관련한 불안감 때문입니다. 내가 참지 못하고 화를 낸다면 회사에서의 앞날이 불투명해지고, 그것은 내가 실업자가 될 수도 있음을 뜻합니다. 연일 실업률이 최고 기록을 넘어섰다는 뉴스가 흘러나오고, 주위에서는 도저히 못 참겠다고 회사를 그만둔 뒤에 쭉 놀고 있다는 이야기도 간간이 들려옵니다. 당신에게는 아직 학자금대출과 카드값이 한참 남은 데다 매달 내야 하는 월세의 압박에서도 자유롭지 못합니다. 성격이 이상한 상사와 동료 앞에서 소리를 '악' 지르고 싶다가도 현실적인 걱정과 고민이 앞서 화를 내지 못합니다.

따돌림

사례) 나만 차별하는 A

솔직히 남부러울 것 하나 없는 A가 왜 나를 타깃으로 삼았는지 모르겠다. A는 시시때때로 나를 엿 먹이고 있다. 휴가 다녀와서 사온 과자를 나에게만 안 준다거나, 중요한 정보를 나에게만 알려주지 않는다거나 하는 건 귀여운 수준이다. 따로 몇 명만 모이는 회식 자리에 내가 낀다고 하니 급격히 표정이 굳는 A. 나도 네가 간다고 할 때부터 표정이 굳었어, 그건 알고 있니? 사실 나는 A에게 별다른 감정이 없었지만, A의 차별적인 행동이 반복되니 별다른 감정이 계속 생긴다. 어느새 그냥 마주치는 것부터 짜증이 나기 시작한다. 너도 그렇겠지만. 도대체 이유가 뭐니?

#회사인간관계 #지친다 #알수없는공격 #이유없이날공격하면 #이유를 만들어줄까 #낄때안낄때다끼는너 #개짜증 #이직하고싶을지경 #오늘도 띠거운그표정 #나도너싫어

우리는 실제로는 화를 내지 못해 끙끙거리지만, 머릿속으로는 시원하게 되받아치는 상상을 하곤 합니다. 그러고는 '당한 대로 돌려주리라' 혹은 '나도 화낼 수 있는 사람이란 걸 보여주리라'라고 마음을 다잡지요. 문제는 일이 항상 내가 생각한 계획대로 흘러가지는 않는다는 데 있습니다. 상대는 당신이 생각하는 것만큼 단순한 사람이 아니었던 거예요. 어디로 튈지 모르는 행동으로 당신이 밤새 준비해온 반격 계획은 흐지부지 끝나버립니다. '으, 플랜 B는 예상하지 못했는데……'라며 이렇다 할 대꾸도 못 하고 이불을 뒤집어쓴 채 애꿏은 베개만 때릴 뿐이지요.

뒷담화

사례) 뒷담화 마스터

우리 팀에는 프로뒷담러가 있다. 나도 나와 맘에 맞지 않은 사람이 있지만, 매일매일 그 사람을 욕하고 싶은 건 아니다. 나쁜 소리는 그것이 나를 향한 것이 아니더라도 듣기 힘들다. 그런데 이 사람의 뒷담화는 지위고하를 가리지 않으며, 사람들의 어떤 행동도 그의 뒷담화 소재가 될 수 있다. 듣고 있는 것도 짜증나지만, 그 뒷담화 리스트에 내가 들어가지 않으리란 법이 없으니 더 스트레스가 쌓인다.

#뒷담화 #뒷담러 #그만해 #힘들어 #귀에서피남 #오늘의반찬 #세상모든사람들이껌 #다씹어먹음 #밥먹다비우기두려움 #나도그중하나겠지

회사 생활은 지루합니다. 더욱이 회사에서 수행해야 할 일은 대체로 복잡하거나 어려워서 콧노래를 부르며 신나게 할 수 있는 것이 아닙니다. 물론 적성에 맞는 일을 찾아 즐거운 나날을 보내고 있다는 사람이 가끔 있긴 하지만, 일은 역시 일입니다. 대개 우리는 월급을 받는 대가로 회사에서 시키는 일을 묵묵히 해나갑니다.

이렇게 지루한 상황 속에서 사람들은 일이 아닌 흥미로운 이슈를 찾게 마련입니다. 인간의 기억 속에 남는 자극은 기존에 비슷하게 이어지는 자극이 아닌, 눈이 번쩍일 만큼 튀는 자극입니다. 가령 'C, E, F, D, 9, I, H'를 늘어놓고 외워보라고 하면 확실히 기억나는 것이 숫자 9인 것처럼 말이죠. 일관되게 주어지는 일과 관련된 정보가 아닌 다른 어떤 것, 바로 회사 내에서 떠도는 가십입니다. 자신이 가십의 대상이 되지 않는다면야 그것은 사막 같은 회사 생활의 오아시스가 될 수도 있겠죠. 다만 내가 그 가십의 대상이라면 상당한 스트레스가 됩니다.

부당한 대우를 받은 당신이 상사에게 화를 냈다고 칩시다. 아마 당신의 이야기는 사내 메신저와 탕비실을 통해 회사 안으로 삽시간에 퍼져나갈 것입니다. 그 이야기가 얼마나 부풀려져서 어디에서 어디까지 퍼질지 알 수가 없고, 막을 방법도 없습니다. 어때요, 끔찍하지 않나요?

이런 몇 가지의 사례를 접하게 되면, 그 대상이 되지 않기 위해 노력하지 않을 수 없습니다. 그리고 당신은 분란을 일으키기보다 화를 참는 쪽을 선택하겠지요.

세상을 향해 소리를 지르다
- 불특정 타인

간혹 낯선 사람들의 무신경한 행동이나 전혀 예측하지 못한 반
응으로 당황스러운 상황에 맞닥뜨린 적이 있나요? 그럴 때마다
당신은 속으로, 혹은 아무도 없는 곳에서 욕을 내뱉으며 신랄
하게 그들을 비판하고 화를 낼 거예요. 정작 당사자에게는 아
무 말도 못 하고 고개 숙일 테지만요.

　그렇다고 자책할 필요는 없습니다. 누구라도 그런 상황에
서는 정정당당하게 화를 내기보다는 뒤돌아서기 마련입니다.

무신경한 행동

사례1) 길빵? 뒤통수 빵!

길에서 담배 피우면서 가는 사람을 보면 진심 뒤통수를 빡! 때려 주고 싶을 때가 있다. 걸어가면서 담배를 피우다니, 그렇게까지 남들에게 피해를 주고 싶은 걸까? 흡연 구역이 적다는 건 알고 있 지만, 비흡연자인 내가 굳이 당신과 같이 그 연기를 들이마시고 싶은 건 아니다. 당장에라도 한마디 하고 싶지만(아니, 한대 때려 주고 싶지만), 안하무인에 적반하장일까 걱정이다. 하기야 말이 통할 사람이라면 길거리에서 대놓고 담배를 피우진 않았겠지.

#길빵 #뒷통수_한대_빵 #분노 #냄새 #연기 #간접흡연 #아이에게도_ 위험해 #길빵을_검색했는데_왜_길에서_빵먹는게_나와

사례2) 식당 전세 낸 사람

술집에 갔다가 기분이 팍 상해서 나올 때가 있다. 술만 들어갔다 하면 버럭버럭 소리를 지르는 사람들 때문이다. 주위에서 계속 쳐 다봐도 그들은 아랑곳하지 않는다. 세상에 무슨 불만이 그렇게 많 은지, 온갖 상스러운 말과 욕으로 세상을 논하고 비난한다. 아, 나 는 단지 기분 전환을 하러 술집에 들어갔을 뿐인데, 왜 내 목이 쉬 어 있는 거지?

#고성 #방가 #불만 #소음 #덩달아_샤우팅 #급작스런데시벨 #공포영화 저리가라 #욕좀그만해 #전세냈냐 #전세냈소 #월센디 #난월세 #500에 36 #그래도_안주는_존맛탱

사례3) 세상엔 다양한 운전자가 있다

세상엔 다양한 운전자가 있다. 갑자기 급정거하는 사람, 깜빡이 안 켜고 들어오는 사람, 나는 아까부터 줄 섰는데 막판에 끼어드 는 사람, 갈 지(之)자를 그리며 도로에서 웨이브를 추는 사람 등. 아직 자율주행 자동차가 활성화되지 않고 있지만, 차라리 운전을 기계가 하는 게 좋을 것 같다는 생각마저 든다. 이런 생각을 하는 와중에 저 택시, 짜증 나!

#운전중 #스트레스 #테슬라 #엘런머스크 #자율주행자동차 #빨리나와 라 #빡침 #그만끼어들어 #운전을눈감고하나 #깜빡이켜면손가락부러지 나 #잠깐의살인충동

현대를 살아가는 사람들은 대부분 바쁘게 움직입니다. 특 히 우리나라 사람들은 '빨리빨리'가 입에 붙어 있을 정도지요. 그러다 보니 식당을 독점한 듯 시끄럽게 떠드는 사람이나 길에 서 담배를 피우며 지나가는 사람, 어깨를 부딪치고도 아무런 사과 없이 지나가는 사람들에게 화가 나도 내가 가야 할 길을 가는 것이 먼저입니다. 지각을 면하기 위해 뛰고, 버스를 놓치지 않으려고 종종걸음을 치고, 하루 종일 일하느라 지친 몸으로 퇴근길을 재촉합니다.

매사 부족한 시간에 허덕이며 살고 있는 당신이 분노를 일으키는 사람을 마주할 때마다 화를 내고, 싸우고 할 시간은 없습니다. "아유, 짜증 나!" 정도의 짤막한 경고의 메시지를 보내고 가야 할 길을 향하는 것이 더 현명한 선택이겠지요.

예측 불가능한 반응

사례 1) 걸어가더라도 택시 안 탈 거야

세상의 모든 택시 기사들이 이상하다는 건 아니다. 그러나 성향을 예측할 수 없는 택시 기사 때문에 불편함을 겪을 때가 한두 번이 아니다. 나와 성향이 맞지 않는 정치인 찬양부터 과속, 술에 취한 승객을 상대로 바가지를 씌우는 건 예삿일이다. 솔직히 택시 기사가 어떤 성향의 사람인지 미리 알고 탈 수 있는 게 아니다 보니 어느 정도 감수해야 할 부분도 있다. 하지만 택시를 탈 때마다 더 피곤해지는 건 왜일까? 앞으로 택시 타는 걸 자중할 생각이지만, 만일 타게 된다면 이어폰을 끼고 전화하는 척을 해야겠다.

#택시 #스트레스 #말걸지마시오 #그냥조용히가면안될까요 #정치이야

기 #경제이야기 #박X혜가어떻고 #박X희가어떻고 #노관심 #노잼 #음주택시썰 #생존의위협

사례 2) 악플러

그들이 내 글을 읽기는 했을까? 아니면 난독증이 있는 걸까? 그것도 아니라면 쌓인 스트레스를 풀 곳이 필요했던 걸까? 다른 이유가 있겠거니, 마음의 상처가 있겠거니 하고 넘어가려 해도 화가 나는 건 어쩔 수가 없다. 익명에 기대어 그렇게 배출하고 나면 그걸 받은 사람은 어떻게 하란 거지? 당사자 면전에서도 그렇게 심한 말을 내뱉을 수 있을까? 보다 못한 지인들이 pdf로 저장해서 경찰에 신고하라고 조언한다. 정당한 비판이 아닌 악플은 그저 배설일 뿐이다.

#악플 #상처 #마상 #고소미 #pdf저장 #스샷 #부모님안부를묻는친절함 #너희부모님부터챙겨 #공격성

사례 3) 잠시 이야기 좀 할 수 있을까요?

'나에게 헌팅이?!' 하고 뒤돌아보자 흐리멍덩한 눈빛의 2인 1조가 다가왔다. 그들의 행색만으로도 내가 가히 이해할 수 없는 종교인들이란 확신이 들었다. 내가 그렇게 호구처럼 생겼나? 아니면 근심 걱정이 많아 보이는 얼굴인 걸까? 순간 젖 먹던 힘까지 다 끌어

다가 그들의 이야기를 반박하고 싶은 생각도 들지만, 시간도 아깝고 이상한 짓을 저지를까 두려워서 무시하고 지나간다.

#사이비 #다비슷하게생김 #도를믿으십니까 #인상이좋으셔서 #제사를지내볼까요 #조상님이힘들어해요 #그건조상님사정 #다른의미의헌팅 #무의식이거부한다 #신림역2번출구 #강남역11번출구

당신에게 피해를 준 사람들에게 반박을 했을 경우, 그들의 반응을 상상해본 적이 있나요? 마냥 긍정적이지는 않을 것입니다. 때론 더 나쁜 결과까지 예상할 수 있죠. 보란 듯이 새치기를 하는 사람이나 어깨를 강하게 밀치고도 미안함을 모르는 사람이 내가 몇 마디 한다고 사과하리라는 기대는 하기 어렵습니다. 심지어 만약 그 대상이 말이 안 통할 것 같은 술주정뱅이나 꼰대 기질이 다분해 보이는 어르신, 얼굴에 짜증이 가득 차 보이는 사람이라면 우리는 사과나 불편함에 대한 공감을 기대하지 못합니다.

그들은 반박을 들으면 "어디서 머리에 피도 안 마른 X이"라면서 나이로 반격하거나, "너도 바쁠 땐 그렇게 행동하잖아"라는 식으로 어이없는 동료의식을 환기시킵니다. 그런 대답을 들을 바에는 '어휴, 착한 내가 참지 뭐' 하며 포기하는 편이 훨씬 현명해 보입니다.

책임 분산 효과

사례 1) 기레기의 기사

인터넷 언론 세계는 춘추전국시대보다 더 치열하다. 기사나 콘텐츠가 자사 광고 수익과 연결되어 있기에, 다양한 뉴스 사이트는 트래픽을 올리기 위해 부단히 노력한다. 그중 나의 짜증을 불러일으키는 건 '딱 봐도 분란 일으키려고 만든 기사'다. 분란을 일으키는 데에는 도가 튼 이들은 '성 대결로 몰아가기', '대부분의 여론과 다른 뜬금포 이야기하기', '딱 봐도 잘못 찍힌 사진에 여신이라고 제목 붙이기' 등의 방법을 사용한다. 그들은 기사의 내용이나 질에는 큰 관심이 없어 보인다. 그저 사람들의 공분을 사게 해서 낚시라도 좋으니 어떻게든 클릭하게 만드는 데에만 관심이 있을 뿐이다. 오늘도 나도 모르게 누른 기사에 짜증이 몰려온다.

#기레기 #기사 #오늘도클릭유도 #악플이넘쳐나는 #악플유도글 #기자이름기억한다 #또너냐 #규제좀하자 #개인의의견은일기장에

사례 2) 유전소죄

사회적 공분을 살 만한 사건을 저질러도 큰 처벌을 피하는 부류들이 있다. 그래서 법은 마치 있는 자들을 위해 존재하는 것처럼 느껴질 때가 있다. 패륜적인 범죄 용의자가 변호사를 10명 넘게 선

임했다나 뭐라나. 나 같은 사람은 무슨 일 생기면 변호사 비용부터 네이버에 검색할 텐데 저런 사람들은 그런 건 전혀 중요하지 않나 보다. 돈으로 산 방어권으로 인해 항상 그들은 우리가 생각했던 것보다 죗값을 덜 받는다. 어떻게든 범죄자가 빠져나갈 만한, 애매한 해석을 귀신같이 찾아내는 사람들. 이 나라에 정말 정의란 게 있기는 한 걸까?

#유전무죄는아니지만 #유전소죄 #재벌 #법 #변호사 #정의 #이번에도
집행유예 #그럴줄알았다

사례 3) 개발사의 꼼수가 분명해

팀 게임의 문제점은 내가 아무리 잘해도 트롤 한두 명이 끼어 있으면 도저히 이길 수 없다는 것이다. 꼭 우리 팀에만 그런 트롤이 있는 것 같은 머피의 법칙 발동. 꼭 못하는 녀석이 남 탓을 그렇게 하고 입도 더럽다. 우리 팀이 지는 이유는 바로 너라고. 상스러운 욕을 하는 너를 차단하고, 조용히 신고를 누른다. 함께해서 더러웠고 다신 만나지 말자.

#게임 #트롤 #트롤러 #욕하지마 #네가제일못해 #개발진들반성해라 #
왜이렇게조합을주냐 #승률50%의저주 #상대는밥먹고겜만하냐

화를 내는 데도 '책임 분산 효과'가 나타납니다. 책임 분산

효과란 어떤 행동을 할 수 있는 사람이 많을수록 그 행동을 해야 하는 책임감이 감소하는 것을 말합니다. 사람이 많은 길 한복판에 누군가가 쓰러져 있으면 그 사람을 돕는 사람이 오히려 적습니다. '내가 아니라도 누가 도와주겠지'라는 생각으로 지나가기 때문이죠. 즉, 내가 책임지지 않아도 다른 사람이 책임질 거라고 생각합니다. 화 역시 마찬가지입니다. 잘못한 사람에게 화를 내는 대신 '누군가가 대신 화를 내겠지'라는 생각으로 가만히 있는 것입니다. 하지만 쓰러진 사람을 아무도 돕지 않으면 그 사람은 그대로 죽을 수도 있습니다. 마찬가지로 아무도 화를 내지 않으면 잘못한 사람은 자신의 행동이 잘못된 줄 모르고 계속할 수 있습니다.

무형의 대상

사례) 오늘도 최악의 미세먼지

미세먼지 앱이 오늘도 검은색, 최악을 알리고 있다. '외출 절대 금지'라니, 나도 나가고 싶지 않다. 하지만 회사가 나오라는 걸 어떻게 하나……. 마스크를 쓰면 입냄새와 싸워야 하고, 벗으면 미세먼지와 싸워야 한다. 물론 내 건강을 위해 입냄새를 참고 마스크를 썼다. 그나저나 마스크는 왜 이렇게 비싼 걸까? 마스크 등급이 낮으면 의미가 없다. 중국아, 제발 나무 좀 심어라.

#미세먼지 #마스크 #최악 #나가지_마세요 #입냄새 #크리넥스 #돈아까워 #유한킴벌리_주식을_사자 #중국XXX #공기청정기_사주세요 #생선구이때문은아닌듯 #제발_푸르게

때론 화나게 하는 대상에게 직접 화낼 수 없는 상황이 생기기도 합니다. 화를 낼 수 없는 무형의 대상도 있습니다. 우리에게 주어진 가혹한 환경이 바로 그것입니다. 당신이 아무리 아등바등해봐야 신이 아닌 이상 세상을 바꿀 수는 없으니까요.

방어기제 파헤치기

화를 내는 것에 대해서 두려움을 갖고 있고 계속 피하는 것에 익숙하다면 그것은 방어기제가 작동했기 때문입니다. 그렇다면 나에게 어떤 방어기제가 있기에 화를 못 내는 것일까요? 내 안에 숨어 있는 나의 방어기제를 속속들이 파헤쳐봅시다.

투사(projection)

"난 아무렇지도 않은데, 왜 화를 내는 거야?"

자신이 화가 난 것을 받아들이지 못합니다. 되레 스트레스와 불안을 일으키는 자신의 감정이나 사고를 타인에게 전가시킴으로써 자신을 방어합니다.

부정(denial)

"그(그녀)가 나한테 그럴 리가 없어! 뭔가 다른 이유가 있을 거야."

화가 난 원인을 차단하고, 고통스러운 환경이나 위협적 정보를 거부함으로써 자신의 불안으로부터 도망칩니다.

74

억압(repression)

"화가 났대? 누가? 내가?"

스트레스나 불안을 일으키는 생각이나 충동을 의식화시키지 않으려 하고, 무의식적으로 잊어버립니다.

합리화(rationalization)

"그럴 만한 이유가 있었겠지."

불합리한 태도나 생각, 행동을 합리적인 것처럼 정당화함으로써 자기만족을 얻습니다.

주지화(intellectualization)

"내가 왜 화가 났는지 생각해보자. 서점에 가서 책이라도 사볼까?"

위협적인 감정을 피하기 위해 위협 조건에 관해 지적 분석을 함으로써 스트레스를 부정하고, 정서나 충동을 느끼는 대신 사고를 함으로써 감정을 통제하는 방어기제입니다.

승화(sublimation)

"그래, 오늘은 쇼핑을 하는 거야!"

화를 내기보다 모임에 참여하거나 기분 전환을 위해 소비하는 행위를 가리킵니다. 즉, 사회적으로 용인되는 생각과 행동으로 방향을 변형시킴으로써 기분을 전환하는 방어기제입니다.

반동형성(reaction formation)

"내가 왜 화를 내. 술이라도 살까?"

화가 나는 대상에게 더 잘해주려고 노력하며 자기가 느끼고 바라는 것과 반대로 행동하고 표현합니다.

환치(displacement)

"엄마는 상관하지 말라니까! 내가 알아서 한다고!"

갈등의 대상을 다른 대상으로 바꿔서 표출합니다. 가장 흔한 반응으로는 회사 동료에게 화내지 못한 데서 받은 스트레스와 화를 가족들에게 푸는 것 등이 있습니다.

퇴행(regression)

"내가 뭘 잘못했다고 그래…… 흑흑."

제대로 화를 내기보다 분에 차서 울어버리거나 어린아이처럼 치기 어린 행동을 하는 등 발달 초기의 모습으로 돌아갑니다.

동일시(identification)

"그래, 더 때려, 깊숙이, 그래, 좋았어!"

격투기 선수나 드라마 속 주인공처럼 자신보다 화를 잘 낼 것 같은 대상에 몰입합니다. 투사와 반대로 자신의 불안이나 부족함을 타인을 통해 대리 만족합니다.

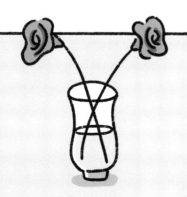

3장

화, 넌 대체
무엇이기에?

우리는 일반적으로 화를 부정적인 감정으로 인식합니다. 화를 냈던 경험이나 화를 내는 사람을 대면한 경험을 떠올려보면 일단 불편한 기분이 들지요. 어렸을 때 동생과 싸웠다고 나를 혼내는 부모의 표정을 보면서 겁먹고 불안에 떨었으며, 오해 때문에 벌컥 화를 내는 친구를 보며 서운했고, 히스테리가 있는 상사가 내는 큰 소리에 스트레스를 받았습니다. 이런 경험들을 통해 우리는 화는 문제를 더 키울 뿐이며 화라는 부정적 감정은 필요 없다는 생각까지 하게 되었습니다. 그러나 이는 화에 대해 잘 모르기 때문에 갖게 된 편견입니다.

일단 감정이란 것부터

화라는 것은 대체 왜 생겨난 걸까요? 우리가 대국에서 지면 분을 못 이겨 욕 한마디 하며 바둑판을 엎어버리는 것이 아니라 알파고처럼 패배해도 'resign(포기한다)'이라는 단어만 말할 뿐 감정도 안 상하고 화도 내지 않는 존재라면 좋을 텐데 말이죠. 화를 내지 않는다면 오히려 이성적으로 상황을 보고 문제를 해결하는 데 집중할 수 있을 것 같습니다. 도무지 필요한 것 같지 않은 화, 지금부터 이 화라는 감정이 대체 무엇인지 알아보겠습니다.

그런데 화라는 감정을 이해하기 이전에 먼저 우리는 '감정'

자체가 왜 생겨났는지를 이해할 필요가 있습니다. 화는 인간의 대표적인 감정 중 하나니까요. 감정이란 어떤 현상이나 일에 대하여 일어나는 마음이나 느끼는 기분을 뜻합니다. 우리가 기쁨, 분노, 슬픔, 즐거움, 공포, 사랑, 혐오, 증오, 욕망이라고 부르는 것들이 바로 이 감정입니다.

그런데 우리는 때로 감정이라는 말 자체에도 부정적인 느낌을 받습니다. "넌 너무 감정적이야", "넌 너무 감정에 휘둘리고 있어", "감정 조절이 안 돼" 등과 같은 말을 하면서 말이죠. 이때 우리는 주로 부정적인 것으로 알려진 분노, 슬픔, 증오 등의 감정만을 떠올립니다. 그러나 우리는 그런 부정적 감정 외에도 기쁨이나 즐거움, 사랑 같은 긍정적 감정도 느낍니다. 하지만 "넌 너무 기쁨을 느껴. 그건 문제야"라거나 "넌 너무 즐거운 게 문제야", "즐거움을 조절하고 싶어"라는 말을 하지는 않습니다. 부정적인 감정만이 문제를 일으킨다고 생각하기 때문입니다.

그렇다면 감정이란 왜 생겨난 걸까요? 감정을 바라보는 주요 관점은 크게 네 가지 방향입니다. 진화론적 관점, 생리학적 관점, 인지론적 관점, 문화론적 관점이 바로 그것입니다.

진화론적 관점은 찰스 다윈(Charles Robert Darwin)이 주장했습니다. 다윈은 감정은 유전적으로 대물림된 것으로 자연 속에서의 생존과 번식에 도움이 되기 때문에 생겨났다고 주장했지요. 두려움, 즉 공포의 감정이 인류를 무서운 동물로부터 살아남게 만들어 생존율을 증가시켰고, 욕망이라는 감정이 후대를 이어갈 수 있도록 배우자를 찾게 했다는 것입니다. 이러한 감정들이 없었다면 인류는 동물에 잡아먹히거나 대가 끊겨 멸망하고 말았을지도 모릅니다. 이 외에도 우리가 금요일 저녁에 배달시켜 먹는 맛있는 치킨에서 기쁨과 즐거움을 느끼는 것은 신선하고 맛있는 음식이 건강과 그로 인한 인류의 생존에 도움이 되었기 때문입니다. 이 즐거운 감정은 계속해서 맛있는 것을 찾도록 유도합니다.

생리학적 관점은 미국의 심리철학자인 윌리엄 제임스(William James)가 주장했습니다. 그는 어떤 감정이 생긴 후에 신체적 반응이 나온다는 일반적인 상식을 뒤집어 신체적 반응이 감정을 만든다고 했지요. 이를테면 몸이 부르르 떨리고 나서 두려움이라는 감정이 생긴다는 것입니다. 이때 우리는 신체적 반응에 따라 적절하다고 생각하는 감정을 선택하며, 이때 때로 잘못된 감정이 연결되기도 합니다. 대표적인 것이 바로 '흔들다리 효과'입니다.

흔들다리 효과는 미국 컬럼비아 대학교 연구진이 18세에서 35세 남성들을 대상으로 실시한 실험에서 유래했습니다. 이 실험은 남성들 중 일부는 매우 높고 흔들리는 다리를, 또 다른 일부는 안정된 다리를 건너게 하고 건너편에서 여성 도우미가 건너와 다리 중간에서 남성에게 설문을 하는 형식으로 진행되었습니다.

설문이 끝나면 여성 도우미는 나중에 이 실험에 대해 자세한 사항이 궁금하다면 전화를 하라며 전화번호를 주었지요. 실험 결과, 흔들리는 다리에서 설문에 응한 남성들은 50퍼센트 이상이 전화를 걸어왔고, 안정된 다리에서 설문에 응한 남성들은 12.5퍼센트만이 전화를 걸어왔습니다. 이는 높고 흔들리는 다리를 건넌 사람들이 심장박동이 빨라지는 신체적인 반응을 상대에 대한 호감 때문이라고 착각하게 되면서 발생했다는 것이 이 실험의 결론이었지요. 흔들다리 효과처럼 우리는 신체적인 반응을 어떤 감정과 연결시키기도 합니다.

고대 철학자인 에픽테토스에 의해 시작된 인지론적 관점은 우리가 생각하기 때문에 감정을 느낀다고 주장합니다. 이러한 관점은 인지치료에서 주로 사용되는데, 내가 특정 사안에 대해 통제가 가능하다고 보는지 아니면 통제가 불가능하다고 판단하는지에 따라 우울해질 수도 있고 그렇지 않을 수도 있다고 봅니다. 때문에 우리의 인지 과정의 변화를 통해 긍정적인 감정을 만들어낼 수 있다는 것이지요.

예를 들어 소개팅을 망쳤다면 개인은 그 원인을 개인에게 돌리는 경우가 많습니다. '내가 매력이 없어서야'라고 생각하고 우울감과 슬픔을 느끼며 자신을 탓하기도 하고, 소개팅 앱을 지우고 친구들의 소개팅 제안을 거절합니다. 그러나 만약 그 원인이 내가 아니라 상대 혹은 상황 때문이라면 어떨까요? 우울해하거나 슬퍼하고 자책하지 않을 것입니다. 만약 소개팅을 하고 있는데 갑자기 그 자리에 상대방의 3년 동안 사귄 전 애인이 나타났다면 할 수 있는 것이 있을까요? 아마 거의 없을 것입니다. 이처럼 세상의 많은 일은 애초에 내가 할 수 있는 것이 없는 경우가 많습니다. 이렇게 생각을 바꾸면, 현재 상황에 대해 짜증은 좀 나겠지만 나와 더 잘 맞는 사람을 만나기 위해 좀 더 진취적인 행동을 할 수 있는 가능성이 커집니다.

문화론적 관점을 주창한 마거릿 미드(Margaret Mead)는 감정이 문화적으로 학습되었다고 말합니다. 예를 들어 많이 변화하기는 했지만 우리나라에서는 남자가 눈물을 흘리면 남자답지 못하다는 평가를 하기 일쑤입니다. 이런 문화에서는 문제가 발생했는데 해결하지 않고 눈물만 흘리고 있는 남자를 보면 부정적인 감정을 느끼기 쉽습니다. 그리고 이런 감정은 고정관념과 관련된 경우가 많습니다. 다분히 차별적인 표현이지만 '남자는 남자다워야 한다'거나 '여성스럽지 못하게' 등의 표현 속에는 성별에 따라 기대되거나 예상되는 행위가 있고, 그것에 반하는 행동을 했을 때 언제든지 부정적인 평가와 그에 따른 부정적인 감정이 뒤따를 수 있다는 사실이 내포되어 있습니다.

지금까지 설명한 각각의 관점들은 어느 하나가 정답이라고 하기 어렵습니다. 다만 우리의 감정에 대해 다양한 접근이 가능하다고 이해하면 됩니다. 분명한 것은, 감정은 아무 의미 없이 만들어진 것이 아니라 우리의 생존에 필요한 것으로, 무의식적으로 나타나기도 하고 생각의 결과물로 나타나기도 한다는 것입니다. 우리가 우리의 감정을 무시해서는 안 되며 그 감정이 생겨난 원인을 확인해봐야 하는 이유입니다.

화의 정의와 기능

마찬가지로 화라는 감정 역시 의미 없이 생겨나지는 않았을 것입니다. 《표준국어대사전》의 정의에 따르면, 화(火)란 '몹시 못마땅하거나 언짢아서 나는 성'이라고 합니다. 못마땅하다는 것은 마음에 들지 않아 좋지 않은 것을 의미하며, 언짢은 것 역시 마음에 들지 않거나 좋지 않다는 뜻입니다. 성은 그로 인해 생기는 불쾌한 감정을 의미하지요. 따라서 사전적인 정의를 다시 정리하면, 화란 '무언가 마음에 들지 않아서 생기는 감정'이라고 할 수 있습니다. 그리고 화는 이 '무언가'가 무엇인지에 따라 그 특성을 구분할 수 있습니다.

예를 들어 아무런 힘이 없는 아이를 학대하는 행위 등 도덕적 가치에 비추어 보았을 때 반사회적 행동에 갖게 되는 화를 '공분(公憤)'이라고 하고, 불의에 대하여 일으키는 분노를 '의분(義憤)'이라고 합니다. 또 '앙심(怏心)'이라는 것도 있는데, 이는 원한을 품은 화를 뜻합니다.

그렇다면 화는 어떤 기능을 가진 감정일까요? 이와 관련해 두 가지 주요한 관점을 알아보겠습니다. 프랑스의 저명한 정신과전문의이자 심리학자인 프랑수아 를로르(Francois Lelord)는 《내 감정 사용법》에서 분노라는 감정이 두 가지 기능을 가졌다고 말했습니다. 전투태세에 돌입하도록 하는 것과, 상대를 위협하여 이런 전투태세가 필요 없도록 하는 것이 바로 그 기능입니다.

전투태세에 돌입하도록 한다는 말은 분노라는 감정이 만들어내는 생리적 변화를 통해 이해할 수 있습니다. 화가 난 사람은 근육의 긴장이 일어나는데, 특히 팔 근육의 긴장을 증가시킵니다. 그래서 화가 나면 종종 주먹을 꽉 쥐는 것입니다. 마치 그 팔 근육을 이용해 상대를 때리려는 듯 준비를 하는 것입니다. 우리는 그 힘을 집에 가서 베개를 팡팡 칠 때나 쓰지만요. 또한 화가 나면 말초혈관이 팽창되어 뜨거운 느낌을 받게 됩니다. 호흡이 가빠지고 심장박동이 증가하며 혈압이 올라가기도 합니다.

우리가 자주 사용하는 메신저 이모티콘에 포함된, 화가 난 모습을 표현한 것들을 떠올리면 화가 났을 때 생리적인 변화의 전형적인 모습을 살펴볼 수 있습니다. 일단 찌푸린 표정에 튀어나온 혈관, 머리끝에 열기가 나오거나 불을 내뿜기도 합니다. 어떤 이모티콘은 행동까지 포함되어 무언가를 때려 부수는 움직임을 표현했더군요.

이런 신체적 변화는 오래전부터 여러 위협, 이를테면 동물의 위협이나 다른 부족의 침략에 맞서는 데 큰 도움이 되었습니다. 그들은 분노했고, 근육을 긴장시켜 강한 힘을 얻고, 적들과 싸워 이기며 생존해왔습니다.

다음으로 전투태세가 필요 없도록 한다는 것은 첫 번째 기능과 연관됩니다. 화의 대상이 된 상대는 이렇게 무섭게 노려보는 표정과 씩씩거리며 주먹을 불끈 쥔 모습에 자연스럽게 두려움을 갖게 됩니다. 일단 신체적 고통이 예상되기 때문입니다. 옳고 그름과는 관계없이 이를 통해 인간 사회에서 발생하는 많은 갈등이 빠르게 해결되었습니다. 두려움을 가진 쪽이 화를 낸 사람에게 숙이는 방식으로 말이죠.

《분노의 기술》의 저자 매튜 맥케이(Mathew Mckay)는 화의 기능을 조금 다르게 봅니다. 화를 내는 것이 '스트레스의 중단과 해소'의 기능을 한다는 것입니다. 이것은 앞서 소개한 생존의 기능보다는 현대사회의 화를 설명하는 데 좀 더 적합합니다. 과거 선조들에게는 살아남는 것이 가장 중요했지만, 현재 우리가 당면하고 있는 것들은 생존의 문제라기보다는 다양한 스트레스 문제이기 때문이죠. 개인이 화를 통해 해소하려고 하는 스트레스의 종류에는 크게 네 가지가 있습니다. 고통스러운 감정, 고통스러운 감각, 좌절된 추동, 위협 등이 그것입니다. 하나하나 살펴보도록 하겠습니다.

첫째, 우리는 화를 내면서 여러 가지 고통스러운 감정에서 오는 스트레스를 잊을 수 있습니다. 고통스러운 감정에는 불안과 두려움, 상실과 우울감, 상처, 죄책감과 수치, 실패감과 무가치감 등이 있습니다. 과거에 원치 않은 이별로 큰 상처를 간직한 사람을 생각해봅시다. 그는 오랜 슬픔을 딛고 새로운 사람을 만났지만, 또다시 이별의 조짐이 보입니다. 이때 그의 내면에는 과거의 끔찍했던 상처가 다시 떠오르게 됩니다. 다시 마주하게 된 이별이라는 상황에서 상처, 상실감과 우울감, 실패감과 무가치감 등의 부정적인 감정이 튀어나오고, 그 모든 고통스러운 감정에서 벗어나기 위해 그는 상대에게 화를 내는 방식을 선택합니다. "네가 어떻게 나에게 이럴 수 있어?" '앙심'은 이럴 때 나타나기 쉽습니다. 나의 상실감과 실패감이라는 부정적인 감정을 계속 느끼고 싶지 않아서 그 감정의 원인을 상대에게 돌려 화로 전환하는 것입니다. 이처럼 우리는 상대에게 화를 표현하면서 부정적인 감정으로부터 벗어날 수 있습니다.

이와 함께 우리의 일상에서 화로 전환되기 쉬운 대표적인 고통스러운 감정이 바로 '거부 감정'입니다. 우리 주변에는 상대가 만나주지 않는다거나 헤어지자고 했다는 이유로 폭력을 행사하는 사건이 계속 발생하고 있습니다. 이런 사건이 발생하는 이유는 여러 가지가 있겠지만, 가장 주요한 원인은 이 '거부 감정'입니다.

연구에 따르면, 거부의 경험은 고통과 좌절을 불러오고 자존감을 위협하는 등 다양한 정서적 상처를 동반하기 때문에 분노와 공격성을 동반할 수 있다고 합니다. 거부당하는 순간 부정적인 여러 감정이 떠오르고, 그것을 견디기가 어려우니 이를 해소하기 위해 화로 그 감정을 전환하는 것입니다. 일반적인 연인관계에서 서운함이 화로 연결되는 이유도 이 과정과 크게 다르지 않습니다.

다음으로 고통스러운 감각에는 서두름(압박감), 신체적 고통, 지나친 자극, 근육의 긴장, 피곤함과 과로 등이 있습니다. 주말 아침 오랜 시간 침대에서 뒹굴다가 생리적인 압박을 느끼고 일어나 화장실로 향하는데, 그 순간 침대 모서리에 새끼 발가락을 찧었다고 해봅시다. 일단 너무 아픕니다. 짜증과 화가 나기 시작합니다. 나도 모르게 욕을 한바탕 내뱉을 수도 있습니다. 아주 자연스럽게 신체적 고통을 화로 전환하는 것입니다. 가끔 연인끼리 장난을 치다가 실수로 상대를 아프게 했을 때 상대가 화를 낸다면 이해해주세요. 그건 당신을 사랑하지 않아서가 아니라 자연스럽게 고통을 잊으려는 행동입니다.

셋째, 추동이란 우리에게 어떤 행위를 하게 만드는 정신적인 힘을 가리킵니다. 좌절된 추동이란 그 힘이 꺾인 것을 의미하지요. 고대하던 연인과의 기념일이 다가왔다고 상상해봅시다. 그는 이날 어디에 가고, 무엇을 먹고, 어떤 선물을 하고, 어떻게 만남을 마무리할지 계획을 세울 것입니다. 그러나 그날따라 회사 일이 지지부진하고 마감을 앞둔 프로젝트 때문에 갑자기 야근이 결정되었다면 어떨까요? 일단 사랑하는 사람과 즐거운 시간을 보내고 싶은 욕구가 모두 좌절되었습니다. 또한 상황은 프로젝트를 위해 밤늦게까지 팀원들과 함께 노력해야 한다고 강요합니다. 아마 그는 야근이 결정되고 나서 허탈한 표정으로 옥상으로 올라가 연인에게 전화를 걸 것입니다. 그는 이렇게 된 상황에 대해 미안해하면서도 연인에게 짜증을 냅니다. "나도 답답하고 짜증 난다고. 미안해. 에잇, 바보 같은 팀장!" 좌절된 추동에는 이처럼 강요된 느낌, 차단된 욕구나 욕망 등이 있습니다.

　마지막으로 위협에는 공격받는다는 느낌, 질식할 것 같은 느낌, 버림받은 느낌이 포함됩니다. 인간은 생존의 위협을 느낄 때 가장 극심한 스트레스를 받고, 그것을 화로 전환함으로써 해소할 수 있습니다. 앞에서 말한 생존의 기능이 신체적인 변화의 측면이라면, 위협은 심리적인 변화의 측면입니다. 예를 들어 내 의견에 악플을 다는 사람에게 화가 나는 이유는 그들이 나를 공격한다는 느낌을 주기 때문입니다. 공격을 받는다는 느낌은 큰 스트레스이고, 그 스트레스는 화를 통해 해소될 수 있습니다. 처음에는 그들의 악플에 대응해 감정적이면서도 논리적인 반박을 할 것입니다. 그러나 댓글 공방이 이어질수록 스트레스는 점점 더 커집니다. 화를 내면서 스트레스가 줄었다가, 다시 상대방이 공격성을 드러내면 또다시 스트레스가 증가하는 것입니다. 이럴 땐 '그래, 불쌍한 너를 내가 이해하마'라고 생각하며 댓글 공방을 멈추고 행복한 나의 삶으로 돌아가는 것이 더 나은 선택입니다.

화는 화를 부른다?

화에 대한 또 다른 커다란 오해 중 하나는 '화는 꼭 화를 불러온다'는 것입니다. 잠깐 생각해보면 맞는 말처럼 느껴지기도 합니다. 우리는 주로 부정적인 사건이 일어났을 때 그 원인으로서 화라는 감정을 떠올립니다. 따라서 화가 나면 반드시 나쁜 일을 저지르게 된다는 흐름은 자연스럽게 느껴집니다. 그러나 언제나 그런 것은 아니며, 우리는 화라는 감정의 혜택을 역사적으로도 보아왔고, 현재에도 보고 있습니다.

3.1운동과 5.18민주화운동을 떠올려봅시다. 이 사건들은 어떤 감정에 의해 촉발되었을까요? 2017년 광장으로 쏟아져

나와 촛불을 들었던 사람들은 어떤 감정으로 행동을 시작했을까요? 바로 분노, 즉 화였습니다. 이때의 화에 이름을 붙이자면 '공분(公憤)'에 해당할 것입니다. 실제로 화는 항상 부정적인 결과만 낳는 것이 아닙니다. 화는 현재의 부당한 상황을 인식하는 지표임과 동시에 현 상황을 변화시킬 에너지를 담고 있습니다. 사람들은 이 사회가 돌아가는 방식에 화를 내고, 세상을 바꾸기 위해 화를 에너지로 쓰기 시작했습니다.

화를 통해 세상을 바꾼 사례 하나를 소개해드릴게요. 카일라시 사티아르티(Kailash Satyarthi)는 인도의 아동 권리 운동가로서 모든 아동의 교육받을 권리를 위해, 그리고 아동 탄압에 맞서 싸운 공로로 2014년 노벨평화상을 수상했습니다.

그는 TED 강연 〈평화를 만드는 방법은? 분노하라(How to make peace? Get angry)〉에서 교과서를 못 사서 공부할 수 없는 아이들, 노예 신분인 아버지 때문에 사창가에 팔려갈 수밖에 없던 소녀들을 보며 크게 화가 났다고 합니다. 그 화는 아이들을 구하는 방법을 고민하게 만들었습니다. 그는 아동 노동을 반대하는 캠페인을 벌이며 정부와 법원 등에 수천 통의 편지를 보내고 수백 곳의 마을을 찾아다니며 자신의 주장을 담은 스티커를 붙였습니다. 또 강제로 노동하는 아동이 생산한 제품을 반대하는 국제적인 소비자운동을 통해 카펫을 수입 또는 수출

하는 기업들에게 아동의 노동 없이 만들어진 카펫임을 인증하는 '러그 마크'를 부여하는 활동을 펼쳤습니다. 그 결과 그는 수많은 아이들을 참혹한 노동현장에서 집으로 돌려보낼 수 있었습니다.

우리 주변에도 화를 긍정적으로 활용할 수 있는 통로가 있습니다. 바로 국민청원입니다. 실제로 국민청원 게시판에 가보면 거의 모두 비합리적인 제도나 사회현실, 수사결과에 대한 분노와 억울함의 감정이 담겨 있음을 알 수 있습니다. 간혹 장난으로 작성되기도 하고 사실과는 거리가 먼 내용이 올라오는 경우도 있지만, 국민청원은 사회적 공분을 사는 일들을 적극적으로 사람들에게 알리고, 목소리를 모으며, 변화를 이끌어내는 하나의 방법이 되었습니다. 일정 수의 인원이 청원에 참여하면 정부는 그것에 대해 성실히 대답할 의무가 있기 때문입니다.

강한 의지가 보이지 않는가?

"복수할 거야", "부숴버릴 거야", "널 후회하게 해주겠어"라는 말들에서는 분명 분노가 느껴집니다. 그리고 또 한 가지가 더 느껴집니다. 바로 결코 포기하지 않겠다는 의지입니다.

화의 또 다른 긍정적인 기능은 바로 목표에 대한 동기를 부여한다는 것입니다. 우리는 공부를 못한다고 나를 무시한 친구에게 복수하기 위해 밤새워 공부하고, 나를 버린 전 연인을 후회하게 만들려고 외모를 가꾸기도 합니다. 나의 변화된 모습으로 상대의 콧대를 꺾고 싶은 심리 때문입니다. 이런 행동의 기저에는 화가 있습니다.

네덜란드 위트레흐트 대학교에서 진행한 실험을 잠시 살펴보겠습니다. 이 실험은 화가 사람들로 하여금 어떻게 더 많은 것을 원하게 만드는지를 설명해줍니다. 연구자들은 실험 참가자들에게 펜, 컵 등 일반적인 물건의 이미지를 띄운 컴퓨터 화면을 보게 했습니다. 이때 그 물건의 이미지를 보여주기 직전에 인지하기 어려울 정도로 짧은 시간 동안 사람 얼굴의 이미지가 화면에서 빠르게 깜빡였습니다. 이 이미지는 중립적인 얼굴, 화난 얼굴, 그리고 무서운 얼굴의 이미지였습니다.

첫 번째 실험에서는 각 참가자들이 각각의 물건을 얼마나 원하는지 보고하도록 했습니다. 두 번째 실험에서 참가자들은 그들이 원하는 물건을 손에 쥐고, 세게 쥘수록 그 물건을 얻을 가능성이 더 커진다는 말을 들었습니다.

이 실험의 결과는 흥미롭습니다. 참가자들은 중립적이거나 두려운 얼굴과 관련된 물건보다, 화난 얼굴 다음에 보여준 물건을 더 원했습니다. 또한 사람들은 화난 얼굴과 관련된 물체를 얻기 위해 더 많은 노력을 했습니다. 즉, 물건을 더 세게 쥐려고 했던 것입니다.

이 연구를 진행한 연구자 중 한 명인 헨크 아하르스(Henk Aarts)는 이 현상이 진화와 연결되어 있다고 분석했습니다. 그는 이렇게 덧붙였습니다. "음식이 당신을 화나게 하지 않거나 여러분의 체내에서 공격성을 일으키지 않는다면 여러분은 굶어 죽을 수도 있고 전투에서 질지도 모릅니다." 인류는 산업혁명 이전에는 늘 식량을 찾고, 경쟁하고, 싸워서 이를 획득해야만 생존이 가능했습니다. 그래서 진화는 어떤 대상과 화를 연결함으로써 사람들이 더 원하게 해서 그 대상을 얻게 만들었다고 해석할 수 있습니다.

재미있는 사실은 실험 참가자들에게 "왜 그 물건을 얻기 위해 노력하나요?"라고 물으면 화가 나서라고 답하는 것이 아니고, 그것을 좋아하기 때문이라고 답했다는 점입니다. 또한 분노가 긍정적인 감정과 연관된 좌뇌를 활성화시킨다고 합니다. 이는 우리가 분노로부터 동기를 얻고 그로 인해 긍정적인 성취를 이루기도 하기에 이와 같은 연결이 나타나는 것으로 보입니다. 화는 꼭 부정적인 결과로만 이어지는 것이 아닙니다. 그것을 어떻게 표현하고 어떻게 활용하느냐에 따라 긍정적인 결과를 만들어낼 수 있습니다.

화는 소리를 지르고 던지고 파괴적인 행동을 하는 것?

일반적으로 우리는 '슬픔'이라는 감정을 느낄 때는 눈물을 흘리고 우울한 기분에 휩싸이는 모습을, '즐거움'을 느낄 때는 미소나 함박웃음을 띠며 목소리가 커지고 말이 많아지는 모습을 떠올립니다. 그렇다면 화가 나면 어떨까요? 누군가를 향해 소리를 지르고, 표정은 일그러지고, 물건을 던지고, 심지어 누군가를 때리는 모습이 떠오르지 않나요? 영화 속 헐크처럼요.

우리는 보통 화를 품거나 화를 내게 되면 이런 모습을 보일 거라고 생각합니다. 하지만 우리는 화를 다양한 방식으로 경험하고 표현합니다. 세계적인 심리치료사이자 베스트셀러

작가인 비벌리 엔젤(Beverly Engel)은 《화의 심리학》에서 사람은 각자 다른 분노 성향을 갖고 있다고 말합니다. 누군가는 작은 일에도 화를 버럭 내고, 누군가는 화를 낼 상황임에도 매번 참고, 누군가는 참는 듯하지만 화를 온몸으로 표현합니다. 분노 성향은 다음과 같이 나눌 수 있습니다.

부정적 분노 성향

수동적 분노 성향

갈등을 회피하려고 하는 유형. 자신의 감정과 욕구를 드러내지 않는다. 화를 인정하지 않고, 화를 냈을 때 이어질 결과를 지나치게 걱정한다. 그래서 화가 난 것을 알지만 회피하거나, 화를 가라앉히기 위해 마구 음식을 먹거나, 그 화를 상대 대신 스스로에게 돌리곤 한다.

수동-공격적 분노 성향

표리부동한 유형으로 앞에서는 별일 없다는 듯이 친절하게 대하지만 뒤에서는 공격성을 드러내거나, 일을 맡지 않기 위해 무능한 척하거나 삐친 모습을 보이고, 겉으로는 달콤한 말을 하지만 상대를 화나게 한다.

투영-공격적 분노 성향

자신이 느끼는 화를 상대에게 투영한다. 사실은 내가 상대에게 화가 났지만, 상대가 나에게 화가 났다고 생각하는 유형이다.

공격적 분노 성향

상대에게 상처를 입히고, 상대가 죄책감을 느끼게끔 행동한다. 빈정거리거나 창피를 주고, 혹평하거나, 불평하고 위협하며, 학대하기까지 한다.

긍정적 분노 성향

적극적 분노 성향

마음속 욕구와 감정을 솔직하게 전달하는 유형으로 동시에 상대방의 감정과 욕구도 고려한다. 자존감이 높은 유형이다.

반성적 분노 성향

일단 진정할 시간을 갖고, 왜 그런 상황이 벌어졌는지, 이 사건으로부터 배울 점은 없는지, 다시 발생하지 않도록 해야 할 일은 무엇인지에 집중한다.

당신은 이 중 어떤 성향에 가깝다고 생각하시나요? 사실
한 사람이 하나의 분노 성향만 가지는 것은 아닙니다. 이 성향
은 상황과 대상에 따라 달라지기도 합니다. 예를 들어 회사에
서는 회사원이라는 위치 때문에 동료와 상사에게 수동적 분노
성향을 보이지만 가족과 이성 친구에게는 공격적 분노 성향을
보이는 것처럼요.

난 얼마나 참는 사람인가?

《화의 심리학》에서 비벌리 엔젤은 화를 내는 유형에 따라 외적 표출자와 내적 억제자로 구분했습니다. 특히 수동적 분노 성향을 가진 사람은 대부분 내적 억제자라고 볼 수 있습니다. 여러분은 내적 억제자의 특성을 얼마나 가지고 있나요? 만약 대부분의 항목에 체크했다면 당신은 화를 오랫동안 참아온 사람이라고 할 수 있습니다.

[표] 나는 외적 표출자인가, 내적 억제자인가?	
자신에게 맞는 것에 체크	체크
화를 드러내지 않는 편이 더 낫다.	☐
보통 자신을 타이르면서 화에서 벗어나려고 애쓴다.	☐
자신을 화나게 한 사람에게 그 사실을 알리는 것이 자신이 약하다는 표시라고 생각한다.	☐
자신에게 상처를 주거나 감정을 상하게 한 사람과 대면하기보다는 지나간 일로 여기기를 선호한다.	☐
스스로 생각할 때 자신은 어떻게 해서라도 말다툼이나 싸움을 피하려고 한다.	☐
자신에게 상처를 주거나 화나게 한 사람들에 대한 나쁜 감정을 숨긴다.	☐
동의하지 않거나 화를 낼 권리가 자신에게 있는지 자주 의심한다.	☐

다른 사람과 의견이 일치하지 않으면 가끔 몸이 아프거나 우울해진다.	☐
말다툼을 감수하기보다는 의견이 같은 척 가장하는 편이다.	☐
상대가 어떻게 나올지 두려워서 화를 참을 때가 종종 있다.	☐
사람들이 당신을 만만하게 생각한다고 믿는다.	☐
화를 표현하기 시작하면 자제력을 잃을까봐 겁이 난다.	☐
화를 털어버릴 방법을 찾기가 어렵다.	☐
누군가가 비판을 하면 그것을 그대로 받아들이고 계속 자책하는 경향이 있다.	☐
화를 잘 내고 가학적으로 행동하는 사람들과 관계를 끝내고 싶은데도 질질 끄는 경향이 있다.	☐
물리적인 화나 충돌을 두려워한다.	☐
화가 난 사람에게 육체적인 학대를 받은 적이 있다.	☐

4장

도대체 왜 화를
내는 걸까?

문제를 제대로 해결하기 위해
서는 그 문제의 원인을 알아
야 합니다. 화 역시 마찬가집니다. 화가 나는 이유부터 알아야
합니다. 매튜 맥케이에 따르면, 화는 기존의 사건들로 인해 '스
트레스'가 쌓인 후, 화를 내게 되는 직접적인 원인인 '촉발사고
(觸發思考)'로 인해 발생합니다. 촉발사고란 어떤 생각으로 인해
감정이나 충동 따위가 일어나는 것을 말합니다. 여기에서 감정
은 당연히 '화'겠지요.

화는 한자로는 '불 화(火)'자를 씁니다. 불은 연료가 없거나
성냥이 없으면 타오르지 않습니다. 화의 연료는 스트레스이고,
성냥은 촉발사고입니다. 보통 우리가 행복할 때에는 화가 나지
않습니다. 오랫동안 기대했던 일의 결과가 좋아서 현재 즐거운
기분이라면 다소 나를 화나게 하는 사건이 일어나도 화를 내기
보다는 너그럽게 넘어가기 쉽습니다. 그러나 반대로 장기간 스
트레스가 쌓인 상태에서 누군가 나에게 사소한 잘못이라도 하
면 화를 버럭 내게 됩니다. 그렇다면 촉발사고란 무엇일까요?

필요병과 당위적 사고

우리의 화를 불러일으키는 촉발사고 중 하나는 바로 '필요병'입니다. 인지심리치료학의 권위자 라파엘 산탄드루(Rafael Santandreu)는 《마음의 함정》에서 우리에게 신경증을 일으키는 요인이 필요병이라고 주장합니다.

우리는 일반적으로 특정 사건과 생각에 대해 어떤 표현을 하느냐에 따라 그것의 경중이나 선호를 다르게 느낍니다. 연인 관계가 끝났을 때 우리는 '연애에 실패했다'라고 표현하고는 합니다. 이 경우 우리는 연애에 실패함으로써 실패자가 되었으며, 실패자는 스스로를 긍정적으로 볼 수 없고, 앞으로의 관계에서도 의기소침해질 수밖에 없습니다. 반대로 '인연이 여기까지였다'라고 표현하면 어떨까요? 우리는 새로운 인연을 만들기 위한 준비를 하려고 할 것입니다. 이 사람과는 여기까지였고 다른 사람과는 여기서부터 다시 시작할 수 있는 것이니까요.

'필요'라는 단어는 '반드시 요구되는 바가 있음'을 뜻합니다. 반드시 필(必), 요긴할 요(要)로 이루어진 '필요'는 우리가 자주 쓰는 말이기는 하지만, 그 의미는 꽤나 무겁습니다. 그 의미가 앞서 말했듯 '반드시 요구되는 것'이기 때문입니다. 물론 우리가 평상시에 '필요'라는 말을 쓸 때마다 의미 그대로 '반드시'를 떠올리지는 않지만, 우리의 생각에는 적지 않은 영향을 끼칩니다. 우리가 어떤 것에 대해 '필요'라는 단어를 붙인 것은 적어도 그것이 '있는 것이 좋은, 혹은 있어야만 하는 것'이라고 생각하기 때문이니까요.

여러분은 살아가는 데 어떤 것들이 필요한가요? 말을 바꿔서 다시 물어볼까요? 여러분이 '생존하는 데 필요한 것'은 무엇인가요? 먹을 것과 물, 보금자리. 이 3가지에 동의하지 않는 사람은 없을 것입니다. 그런데 이때 먹을 것은 5성급 호텔의 셰프가 만들어주는 음식이어야 하나요? 물은 프랑스산 에비앙이어야 하고, 보금자리는 타워팰리스 맨 꼭대기 층이어야 하나요? 아마도 그렇다고 답할 사람은 없을 것입니다. 최소한의 영양분이 있는 음식, 얼어 죽지 않을 정도의 온기를 제공하는 집이라고 하면 대부분 동의할 테고요. 이런 것들은 분명 우리가 생존하는 데 '필수적으로 요구되는 것'이라고 할 수 있습니다.

우리는 생존을 걱정해야 하는 시대를 살고 있지는 않습니다. 그래서 "생존하는 데 필요한 게 뭐지?"보다는 "내가 행복하게 사는 데 필요한 게 뭐지?"를 질문하는 경우가 훨씬 많습니다. 이 질문에 우리나라 사람들은 어떤 대답을 할까요? 좋은 성적, 비싼 차, 명품, 내 명의의 집, 이성친구, 안정된 직장 등등 다양한 대답이 나올 것입니다. 건강한 신체, 강한 멘탈, 성취감, 성장한다는 느낌, 원만한 인간관계, 부족하지 않은 여가 시간 등도 포함시킬 수 있을 테고요.

우리는 살면서 많은 것들을 기대하며 원합니다. 그리고 이런 것들을 갖기 위해 부단히 노력하지요. 여기에는 이런 것들을 얻으면 행복해질 것이라는 기본적인 믿음이 깔려 있습니다. 실제로 이런 것들이 있으면 긍정적인 감정을 느낄 가능성이 큽니다.

그러나 문제는 이런 것들은 획득하기 어렵고, 어렵게 획득했다고 해도 유지하기가 힘들다는 데 있습니다. 그럼에도 우리는 "이 정도는 있어야 하는 거 아닌가?"라면서 이런 것들에 '필요'를 붙이는 경우가 많습니다. 그런 것들이 마치 살아가는 데

113

필수적으로 요구되는 것처럼 말이죠. 여기에 '당연히'와 '남들은'이라는 말까지 덧붙여집니다. 산탄드루에 의하면 사람들이 가지는 일반적인 '필요'는 다음과 같다고 합니다.

- 기분이 좋아지기 위해서는 대단한 게 필요해.
- 나는 편안함을 늘 유지해야 해.
- 나에게 스트레스는 없어야 해.
- 나는 늘 건강해야 해.
- 외롭거나 지루해선 안 돼.
- 일은 효율적으로 돌아가야 해.
- 사람들은 나에게 친절해야 해.

자, 생각해봅시다. 이것들이 정말로 필요한가요? 다시 말해 필수적으로 요구되는 것인가요? 없으면 어떻게 되나요? 우린 정말 생존할 수 없을까요?

우리는 사실 대단한 것을 하지 않아도 기분이 좋아질 수 있습니다. 스트레스를 다소 받더라도 충분히 생활할 수 있고, 친절하지 않은 사람이 더 많은 사회에서도 잘 살아갈 수 있습니다. 쉽게 얻기 어렵거나 유지하기 어려운 것들에 '필요'라는 이름을 붙이게 되면, 그것을 얻지 못하거나 유지하지 못할 때 스스로에게 화가 나고, 더 나아가서는 좌절과 무력감에 빠지게 됩니다.

이제 필요병을 가진 사람의 생각의 흐름을 살펴볼까요?

나는 좋은 학교를 다녀야만 해. (필요병)

→ 왜 나는 좋은 학교에 가지 못했지? (충족되지 못한 필요)

→ 난 도대체 뭘 한 걸까? 다른 사람들이 공부할 때 왜 공부하지 않았지?(자책)

→ 나의 멍청함에 화가 난다. (분노)

익숙한 흐름 아닌가요? 우리는 이처럼 무언가가 필요하다고 여기면 그것이 없을 때의 상태를 부정적인 것으로 인식하고, 스스로나 환경을 탓하며 화를 내기 시작합니다.

이제 당위적 사고에 대해 알아볼 차례입니다. '당위'란 '마땅히 그렇게 하거나 되어야 하는 것'을 뜻하며, '당위적 사고'란 '당연히 그래야 한다는 생각'으로 이해하면 됩니다. 당위적 사고 역시 넓게 보면 필요병의 일부이지만, 필요병이 주로 자신에게 '필요한' 무언가가 없다는 데서 자신을 향한 분노를 불러일으킨다면, 당위적 사고는 그 방향이 타인을 향하는 경우가 많습니다.

매튜 맥케이에 따르면, 당위적 사고는 '사람들이 어떻게 행동해야 하고 어떻게 행동하면 안 되는지'에 대해 우리가 가진 생각을 가리킵니다. 사람마다 상식적인 선에서부터 자기만의 특수한 규칙이나 규범에 이르기까지 다양한 당위적 사고를 지니고 있습니다. 당위적 사고는 주로 '당연히', '보통은', '인간이라면', '상식적으로'라는 말과 함께 사용되며, 성장할수록 강화되는 경향이 있습니다.

예를 들어 길에서 담배를 피우며 걸어 다니는 사람에게 화가 나는 이유는 이 행동에 대한 당위적 사고가 있기 때문입니다. 이런 당위적 사고를 가진 사람의 생각의 흐름을 살펴보면 다음과 같습니다.

남들의 피해는 신경 쓰지 않고 자기 자신만을 위해서 행동해선 안 된다. (당위적 사고)

→ 저 사람은 다른 사람들의 피해는 전혀 아랑곳하지 않고 자신만을 위해 길에서 담배를 피우면서 걸어간다.

→ 그렇게 해서는 안 되는데 그렇게 행동한다.

→ 상식적으로 조금만 생각해보면 민폐인 걸 알 수 있는데, 왜 그러는 걸까?

→ 에잇, 화가 난다! (발화!)

프랑수아 를로르는 화를 만들어내는 당위적 사고 중 가장 대표적인 것으로 '상호성'의 가치를 들었습니다. 우리는 대부분 내가 그 사람에게 했던 방식 그대로 존중받기를 원하며, 공통의 이익을 위해 행동할 때는 내가 노력한 만큼 상대방도 노력하기를 바랍니다. 그러나 그것이 상호적이지 않다고 생각할 때 우리는 화를 내게 됩니다. 이는 뇌 속 인슐라(Insular)라는 영역과도 관련이 있습니다. 이 영역은 본래 역겨운 것을 보았을 때 활성화되는 영역인데, 사회적으로 부당한 대우를 받을 때에도 활성화된다고 합니다.

예를 들어 여러 사람과 함께 팀 과제나 프로젝트를 하게 되었는데 이런저런 핑계를 대면서 아무 노력도 하지 않는 것처럼 보이는 팀원에게는 누구나 화가 납니다. 상대가 내가 노력한 만큼 노력하지 않고 같은 보상을 받게 되기 때문입니다. 이것은 명백히 부당한 대우라고 할 수 있습니다.

화가 나는 과정

자, 이제 화의 연료와 성냥에 대해 어느 정도 이해가 되셨나요? 다음으로는 이를 바탕으로 화가 나는 과정을 정리해보겠습니다.

상황

평소에 응원하던 야구팀이 홈에서 경기를 해서 직관하기로 함.

연료(평소에 쌓인 스트레스)

마감을 앞둔 프로젝트 때문에 불안과 걱정으로 가득 차 있음.

표를 제때 구하지 못해 암표상에게 비싸게 삼.

1회부터 에이스라고 생각한 투수가 상대 팀에게 두들겨 맞으면서 무려 10점이나 주었음.

옆에서 응원하는 사람이 욕하면서 시끄럽게 응원함.

성냥(촉발사고)

"게임이 안 풀리면 빨리 변화를 주어야 한다."(당위적 사고 중 개인의 특수한 규범)

점화

게임이 안 풀리는데 감독은 아무런 행동을 하지 않는다.

발화

"야, 이 XX야! 너는 생각이 있는 감독이냐? 상황이 안 좋으면 빨리 투수를 바꿀 생각을 해야지! 아휴, 그리고 투수 너는 받는 돈이 얼마인데 맨날 두들겨 맞기만 하냐!"

"어이, 아저씨. 저도 돈 내고 경기 보러 왔는데 아까부터 너무 시끄러워요! 민폐 좀 끼치지 마세요!"

평소에 회사에서 많은 스트레스를 받고 있던 A는 스트레스를 풀기 위해 야구장으로 향합니다. 오늘은 제발 응원하는 팀이 경기에 이겨서 스트레스가 풀렸으면 하는 기대를 품고요. 그러나 제때 표를 구하지 못하는 바람에 암표상에게 비싼 돈을 주고 표를 살 수밖에 없었습니다. 출발할 때와는 달리 짜증이 난 상태가 됩니다. 드디어 경기가 시작되어 열심히 응원하는데, 옆에 앉은 아저씨가 고성방가와 욕설로 스트레스를 줍니다. (여기까지가 화의 연료가 됩니다.)

경기라도 잘 흘러가면 좋겠는데, 초반부터 응원하는 팀의 투수가 상대 타선에 두들겨 맞으면서 스트레스가 급격히 증가하기 시작합니다. 3회까지 이미 10점이나 내준 상태입니다. 머릿속에서 '게임이 안 풀리면 빨리 변화를 주어야 한다'는 생각이 떠오릅니다. (화의 촉발사고라 할 수 있습니다.)

그런데 감독은 요지부동입니다. 불펜 투수도 운용할 생각이 없어 보입니다. (불이 붙겠죠?) 결국 A는 폭발하고 맙니다. "야, 이 XX야!"(발화입니다.)

또 다른 예를 들어보겠습니다. 사람들 사이의 갈등과 그로 인한 화는 서로 다른 당위적 사고 때문에 발생하기 쉽습니다. A라는 사람이 가진 당위와 B라는 사람이 가진 당위가 다를 때 A와 B는 서로 '당연히'라는 말을 앞세우며 상대방의 행동과 생각에 화를 냅니다.

평소 일할 때는 일에 집중해야 한다고 생각하는 A와, 연인이라면 평소에 자주 연락을 주고받는 것이 중요하다고 생각하는 B는 서로 다른 당위적 사고 때문에 갈등이 생길 수 있습니다. A와 B는 모두 '당연히'라는 말을 앞세우지만 서로 다른 생각을 가지고 있지요. '당연히 회사에서는 일에 집중해야지'와 '연인이라면 당연히 생각날 때마다 연락해야지'가 부딪히는 꼴입니다. 서로의 당위적 사고가 너무나 다르고, 이를 수정하는 것을 둘 다 거부한다면 이 둘의 관계는 끝나는 것이 서로의 정신건강에 이로울 수 있습니다. 그렇지 않으면 이 연인은 매일 즐겁기는커녕 화내기와 화 풀기의 끝없는 도돌이표에 시달릴 수밖에 없을 테니까요.

짜증과 화는 어떻게 다를까?

"아, 진짜 짜증 나."

"아, 진짜 너무 화나."

두 표현 모두 우리가 평소에 자주 사용하지요. 그런데 짜증과 화는 어떻게 다를까요? 같은 계열의 감정이라는 데에는 모두 동의할 것입니다. 하지만 우리는 이 둘을 분명히 다른 상황에서 사용합니다.

먼저 짜증의 사전적 의미는 다음과 같습니다.

짜증 : 마음에 꼭 맞지 아니하여 발칵 역정을 내는 짓. 또

는 그런 성미.

　사전적 의미만 보면 그 단어를 화로 바꿔도 큰 차이가 없을 것 같습니다. 화 역시 마음에 들지 않아 성을 내는 것은 마찬가지니까요. 그러나 일상생활에서 짜증은 화와 같은 의미와 용도로 사용되지 않습니다. 짜증이라는 감정을 다양한 방식으로 분석해보면 다음과 같습니다.

　첫째, 짜증은 화가 나기 전 단계에 해당하는 감정으로 볼 수 있습니다. 예를 들어 내가 무언가에 열중하고 있는데 옆에 앉은 친구가 장난을 치면서 방해하면 짜증이 납니다. 하지 말라고 해도 멈추지 않고 계속 장난을 칩니다. 한두 번은 넘어가지만, 이게 반복되면 짜증을 넘어서 화가 나고, 그 감정을 상대에게 강하게 내비치게 됩니다. 이때 짜증은 낮은 단계의 화라고 볼 수 있겠지요.

　둘째, 화는 필요병 및 당위적 사고에서 발생하기에 "~해야 한다. 그런데 그렇지 않다니 있을 수 없는 일이야"라는 느낌이라면, 짜증은 "~하고 싶은데 그러지 못해서 아쉽다"라는 느낌에 가깝습니다. 고향에 가기 위해 고속버스를 탔다고 생각해봅시다. 고향에 도착하기까지 두 시간이 넘는 시간이니 책을 보면서 가겠다고 계획을 세웠습니다. 버스가 출발하고 평소에 읽고 싶던 책을 읽기 시작하는데, 바로 앞자리에 앉은 커플이 끊임없이 떠든다면 어떨까요? 고속버스 안에서는 쥐 죽은 듯이 조용해야 한다는 규칙은 없다는 걸 알기에 화가 나는 정도는 아니지만, 내가 하고 싶은 것을 충분히 하지 못하게 되었으므로 짜증이 날 수 있습니다.

셋째, 짜증은 신체 상태에 의해서 영향을 받는 대표적인 감정 중에 하나입니다. 여성들의 경우 공통적으로 생리전증후군의 특징으로 '불안, 우울, 짜증'을 꼽습니다. 평소보다 이 기간에 더 부정적인 사건에 대한 민감도가 높아지고 그로 인해 짜증이 많이 난다는 것입니다. 또 어딘가 통증이 있거나 몸의 컨디션이 좋지 않을 때도 마찬가지입니다. 이것은 필요병이나 당위적 사고 등에 해당되는 생각에 의해 시작된다기보다는 신체가 민감해져 있기 때문에 스트레스에 대한 민감도 역시 높아진 결과로 볼 수 있습니다.

상처받은 내면 아이

화의 연료와 성냥에 관한 부분은 비교적 가까운 과거의 사건과 관련이 있습니다. 그러나 우리는 때로 논리적으로 전혀 이해되지 않지만 정말 사소한 말 한마디에 과도한 상처를 받고 화를 내기도 합니다. 이는 최근에 겪은 스트레스 때문이라기보다는 과거에 상처받은 경험, 다른 말로 '상처받은 내면 아이' 때문입니다.

일단 내면 아이의 개념을 이해할 필요가 있습니다. 《내면 아이의 상처 치유하기》의 저자이자 내면 아이 치료 전문가 마거릿 폴(Margaret Paul)은 내면 아이에 대해 '우리의 인격 중에서 가장 약하고 상처받기 쉬운 부분으로, 감정을 우선시하는 직감적인 본능'이라고 정의합니다. 즉, 내면 아이는 우리 본래의 모습이자 핵심적인 자아, 타고난 인격이라고 할 수 있습니다. 쉽게 말해 '상처받기 쉬운 어린아이 같은 나의 모습' 정도로 이해하면 됩니다.

우리는 부모의 양육하에 자라면서 여러 가지 위험에 노출됩니다. 이는 우리가 어린아이이기에 주체적으로 삶의 방향을 선택하고 행동할 수 없고 온전히 부모에게 의존하는 삶을 살기 때문에 발생합니다. 낯선 곳에서 부모가 나를 두고 사라졌다거나, 다른 형제자매와 차별을 했다거나, 아무리 생각해도 내가 잘못하지 않았는데 잘못했다고 사과해야 했던 기억들이 누구에게나 조금씩 있습니다.

이런 상처들을 주위에서 제대로 돌봐주지 않았다면 이 상처들은 사라지지 않고 우리 안에 그대로 남게 됩니다. 내면 아이가 상처를 받은 채 자라게 되는 것이지요. 나이가 들면서 기억이 희석되거나 잊힌 경우도 있지만, 강렬한 상처의 기억은 흉터로 남아 가끔 그 상처를 건드리는 상황이 발생하면 우리는 다시 그 당시의 부정적인 감정에 휩싸입니다.

어렸을 때 부모가 아무런 설명 없이 자신을 할머니 댁에 놔두고 떠나서 큰 실망감과 상처를 받았던 A를 예로 들어볼까요? A는 가장 믿었던 부모가 자신을 놓고 가서 매우 큰 충격을 받았습니다. 슬프고 힘들어 울기도 했으며, 오랜 시간 우울해 했지요.

A는 나이가 들어 마음에 드는 이성 친구를 만나게 되었는데, 그 이성 친구가 어느 날부터 연락도 잘 안 되고 그 이유도 설명해주지 않습니다. 이때 A는 과거의 상처가 자신도 모르게 다시 떠오르게 됩니다. 그때의 감정 역시 함께 밀려옵니다. 불안, 두려움, 원망, 슬픔, 우울함 등이 갑자기 동시다발적으로 튀어나오게 되고, 사랑하는 사람이라면 자신을 이렇게 방치해서는 안 된다는 자기만의 당위적 사고를 만들어냅니다. 그리고 시간이 지남에 따라 이러한 당위적 사고에 반하는 행동을 하는 상대에게 화가 나기 시작합니다. A는 그 화를 끊임없는 전화, 원망을 가득 담은 메시지 등으로 표현합니다.

사실 그 상대는 갑자기 생긴 중요한 일 때문에 잠시 연락을 못 한 것뿐인데 A의 강렬한 반응에 당황합니다. 그리고 자초지종을 설명하지만 A의 화는 쉽게 풀리지 않습니다. 비이성적인 A의 화에 상대방은 놀라기도 하고 실망하기도 합니다. 시간이 흐르면 A는 자신이 지나치게 화를 낸 것에 대해 후회를 하고, 이런 결과를 만들어낸 스스로에게 다시 화를 냅니다. 하지만 A는 비슷한 상황을 만나면 또다시 온갖 부정적인 감정에 휩싸여 똑같은 행동을 반복합니다.

　여러분도 다른 사람들은 수월하게 넘어가는 것 같은 특정 상황에서 급작스럽게 불안함을 느끼며, 그 상황이 빨리 해결되지 않으면 화가 날 때가 있었나요? 그렇다면 문제의 원인은 여러분의 내면 아이가 받은 상처에 있을지도 모릅니다.

혹시 내가 인격 장애?

우리는 평소에 성격이라는 말을 많이 쓰지만 막상 성격
이 무엇인지 정의하려고 하면 어렵습니다. 성격 혹은 인
격(personality)이란 어떤 한 개인을 특징짓는 비교적 안정
적이고 예측 가능한 전반적인 행동 경향과 사고 및 감정적
성향을 말합니다. 예를 들어 "A라는 친구는 혼자 있는 것
을 좋아해"라고 말한다면, 그 친구의 예측 가능한 행동 경
향은 혼자 있는 것이기에 '혼자 있기 좋아하는 성격'이라고
말할 수 있습니다.

그런데 인격 장애란 '성격의 경향이 보통 사람들의 그것보
다 편향된 상태'를 말합니다. 보통 사람들은 혼자 있는 것
을 좋아하기도 하고 다른 사람과 함께 있는 것을 좋아하기
도 합니다. 양쪽 모두 비슷하게 좋아할 수도 있지요. 그러
나 극단적으로 다른 사람과 함께 있는 것'만'을 좋아한다면
이것은 편향된 상태라고 할 수 있습니다. 혼자서는 너무
불안해서 절대로 살아갈 수 없다고 여기며, 반드시 누군가
와 함께 있어야만 한다고 생각한다면 이것은 인격 장애의
일종이라고 생각할 수 있습니다.

누구나 인격의 일부는 편향된 상태일 수 있습니다. 하지만 다음의 예들처럼 그 정도가 심하다고 생각된다면 정신건강 전문가에게 상담받기를 권합니다.

자기애성 인격

자기애성 인격을 가진 사람은 자신이 남들보다 우월하며 다른 사람들은 나를 특별히 고려해주어야 한다고 믿습니다. 그런데 사람들이 나에게 특별히 관심도 없고 나를 특별하게 대우해주지 않는다는 생각이 들면 화가 날 수밖에 없습니다.

편집성 인격

편집성 인격에서의 '편집(偏執)'은 영상이나 방송에서 쓰는 '편집(編輯)'이 아니라 '편견을 고집한다'는 뜻입니다. 자신만이 갖고 있는 편견을 지나치게 고집하는 사람을 편집성 인격을 가졌다고 합니다. 편집성 인격을 가진 사람은 자신은 언제나 위협을 받을 수 있으므로 항상 경계를 늦춰선 안 된다고 생각합니다. 문제는 이 경계심이 타인에 대한 불신으로 이어진다는 것입니다. 이런 사람은 아주 작은 비난에도 주위 사람들이 자신을 공격한다고 믿고 화를 낼 수 있습니다. 주위 사람들이 언제나 자신을 화나게 만들기 위해 행동한다고 생각한다면 편집성 인격을 의심해볼 필요가 있습니다.

강박성 인격

강박(強迫)이란 어떤 생각이나 감정에 사로잡혀 심리적으로 심하게 압박을 느끼는 것을 뜻합니다. '강하게 압박을 느낀다'의 줄임말인 셈이죠. 보통 지나치게 청결함을 추구하는 사람이나 늘 완벽하게 무언가를 마무리해야 한다고 생각하는 사람들은 깨끗함이나 일의 성과를 꼭 이뤄야 한다는 강한 압박을 느낍니다. 이런 인격을 가진 사람은 누군가 자신의 완벽한 계획에 훼방을 놓는 것 같거나 완벽주의 성향을 조롱하는 경우 화를 냅니다.

경계성 인격

경계성 인격은 선을 넘으면 갑자기 태도가 돌변하는, 매우 변덕스럽고 극단적인 모습을 보여줍니다. 이런 인격을 갖고 있는 사람은 타인에 대한 평가가 극과 극을 오가며 감정의 기복이 심한 편입니다. 친구나 연인을 사귈 때 급격히 가까워지며 극단적인 친밀감을 갖다가 갑자기 상대에게 냉담해지는 식이죠. 이런 인격을 가진 사람은 지나친 기대를 가지고 상대에게 가깝게 접근했다가 얼마 후 실망해서 원망하고 멀리하는 양극단의 행동을 반복합니다.

5장

그래서 화를 내?
말아?

지금까지 우리는 도대체 화가 무엇인지, 그리고 왜 우리가 화를 내는지에 대해서 알아보았습니다. 화란 무언가 마음에 들지 않아서 생기는 감정으로, 내면의 치유되지 않은 상처 혹은 필요병과 당위적인 사고에 의해서 촉발됩니다. 화는 생존을 위해 우리를 전투태세에 돌입하도록 만들며, 우리가 겪는 스트레스의 중단과 해소를 가능케 합니다. 화란 늘 부정적인 결론으로 이끄는 것이 아니라 사회를 변화시키는 에너지로, 자신의 삶을 변화시키는 강한 의지로 활용할 수 있습니다.

그렇다면 이제 가장 중요한 질문이 남았습니다. 바로 "화를 내? 말아?" 하는 것입니다. 저는 이 질문에 대해 이렇게 답하고 싶습니다.

"화는 꼭 내야 합니다."

화가 날 때는 내야 합니다. 왜 그럴까요?

쌓이면 터진다

화는 일종의 에너지와 같은 개념입니다. 적절한 방식으로 분출하지 않고 가만히 쌓아두기만 하면 언젠가는 예상치 못한 방식으로 폭발하게 됩니다. 소위 '막장드라마'에 자주 등장하는 장면을 한번 소개해보겠습니다. 나이 지긋한 회장님의 자식이 이렇게 말합니다. "아버지께서 아무리 반대하셔도 저는 이 사람과 꼭 결혼하겠습니다." 회장님은 진노하고 "이, 이 녀석! 내가 너를 어떻게 키웠는데! 으윽!" 하며 자신의 목덜미를 잡고 쓰러집니다. 모두가 달려오죠. "회장님!"

익숙하시죠? 이 장면에서 회장님이 목덜미를 잡는 이유는 화가 고혈압과 같은 심혈관계 질환과 관련이 깊기 때문입니다. 또한 화는 위장병과도 깊은 관련이 있습니다. 화가 난 사람의 위장은 주기적으로 수축하면서 염산 분비가 증가한다고 합니다. 만약 여러분 중 만성 위염이나 소화불량으로 고생하는 분이 있다면, 그 원인은 해소되지 않은 화 때문일 수 있습니다.

하지만 단순히 신체적인 문제 때문에 제때 화를 내라는 것은 아닙니다. 우리는 화를 지나치게 참다가 문제가 커지는 경우를 종종 봅니다. 연인 사이에서 불편한 부분들을 오랫동안 눈감아주다가 한꺼번에 터지는 바람에 헤어지기도 하고, 상사와의 오래된 갈등이 폭발해 아무런 준비 없이 회사를 그만두기도 합니다. 장기간의 학교폭력이나 가정폭력을 견디다 못해 가해자에게 칼부림을 했다는 뉴스도 심심치 않게 들려옵니다.

이처럼 화를 참고 참다가 어느 순간 그 화가 폭발하면 스스로와 주위에 아주 강한 위해를 끼칠 가능성이 큽니다. 만약 화가 밖으로 향하지 않고 안으로, 즉 자신에게 향하면 무기력증과 우울증에 걸릴 수 있습니다. 이것이 심해지면 자신의 삶을 위협하는 자해나 자살 시도로도 연결될 수 있습니다. 안으로 향하든 밖으로 향하든, 쌓인 화는 편안함과 행복감을 극도로 떨어뜨리고 많은 악영향을 끼칩니다. 우리가 화를 적절히 표현하면서 살아야 하는 이유입니다.

호의가 계속되면 그게 권리인 줄 안다

"호의가 계속되면 그게 권리인 줄 알아요." 영화 〈부당거래〉에서 배우 류승범이 한 명대사입니다. 사람들은 호의에 익숙해지면 그것에 대한 감사함을 굳이 생각하지 않습니다. 여러분이 상대의 호의에 늘 민감하게 반응하는 사람이 아니라면, 여러분역시 어느 정도 이 '권리'를 누리고 사는 셈입니다.

예를 들어 친구가 연락을 자주 하기 때문에 굳이 내가 먼저친구에게 연락을 하지 않는다는 경우를 생각해봅시다. 친구가이런 방식에 큰 불만을 표시하지도 않고, 나 역시 이 방식이 편하기 때문에 굳이 이 상황을 변화시킬 생각이 없습니다. 친구가 매번 먼저 연락하는 것에 불편함을 느끼고 있을 것이라고는 생각하지 못하고, 이에 대해 미안하다고 생각하지도 않지요.

우리가 특별히 이기적인 사람이어서 그런 것이 아닙니다. 우리는 우리에게 유리한 것에 대해서는 '권리'라는 말을 붙이지 않더라도 편하게 받아들입니다. 또한 상대가 어떤 상황에 대해 불편함을 표현하지 않으면 그 방식이 상대에게 불편함을 끼친다는 생각을 하지 못합니다.

예를 들어 평소에는 특별히 먹고 싶은 것이 없어서 주로 친구가 먹고 싶어 하는 것을 선택해왔다고 해봅시다. 처음에는 나에게 무엇을 먹고 싶냐고 묻던 친구도 몇 번 "특별히 먹고 싶은 게 없네. 그냥 네가 먹고 싶은 거 먹자" 같은 답을 반복하니 이제 더 이상 질문하지 않고 일방적으로 결정하고 통보합니다.

그런데 어느 날 우연히 텔레비전에서 어떤 음식을 맛있게 먹는 장면을 보고 그 음식이 먹고 싶어졌습니다. 그래서 매번 친구의 의견을 따랐으니 오늘은 내가 먹고 싶은 것을 먹겠다고 생각하고 있는데, 친구는 이번에도 자신이 혼자 결정하고 통보합니다. 나는 당연히 화가 나지요. 하지만 친구는 이번에도 나에게 물어봤자 같은 답을 들을 것이라고 판단했기 때문에 내 의견을 묻지 않은 것이고, 그것이 큰 문제라고 생각하지도 않습니다.

138

불편한 마음을 표현하지 않으면 상대는 아무런 자각 없이 그 부당한 행동을 반복하게 됩니다. 상대가 한두 번 부당한 행동을 하면 우리는 이해하고 배려하는 차원에서 그냥 넘어가는 경우가 많습니다. 그러나 상대는 그 행동이 나에게 상처가 되는 것을 모르기 때문에 그 행동을 계속해서 반복합니다. 때문에 우리는 상대의 행동이 불편하다면 상대에게 그 불편한 마음을 표현하고 때로는 화를 내야만 합니다.

화를 내는 것은 나의 호의가 상대의 당연한 권리가 아님을 전달하고, 관계를 완전히 끝내지 않고도 상대의 그 행동을 멈추게 할 수 있는 가장 확실한 방법입니다. 화를 내지 않아도 표정이나 말투, 행동 등으로 상대에게 불편함을 표현할 수 있다고 생각하는 사람도 있겠지만, 대부분의 사람들은 그것을 알아듣지 못합니다. 오히려 상대방에게 화를 냄으로써 내가 허용할 수 있는 경계를 확실히 알려주고 더 이상의 불편한 상황을 반복하지 않을 수 있습니다.

자신은 배려하지 않는다

어쩌면 여러분은 상대를 배려하기 때문에 화를 참는 것이라고 주장할 수도 있습니다. 사사건건 갈등을 빚기보다는 참고 상대에게 싫은 소리를 하지 않으면 상황이 매끄럽게 잘 돌아가므로 그걸 배려라고 생각하는 것이죠. 하지만 사실 여러분은 배려하지 않는 사람입니다. 배려심이 오히려 너무 없습니다.

누구에게 배려심이 없냐고요?

바로 여러분 자신에게 없습니다.

다시 말해 여러분은 진정한 의미의 배려를 하고 있는 것이 아닙니다. 주로 배려를 하는 입장이라고 생각한다면, 이 질문에 대해 답을 해보기 바랍니다.

내가 하는 이 배려가
'여유로운 마음'에서 나와 '하고 싶어서' 하는 배려인가?
아니면
불안과 두려움 때문에 '해야만 해서' 하는 배려인가?

화를 참고 배려를 한다고 하는 사람들의 마음은 후자에 가깝습니다. 이들은 정말 상대방을 배려하고 싶어서 참는 것이 아니라 상대와의 관계를 해치고 싶지 않거나 오랫동안 해왔던 대로 그냥 상대를 따르기로 한 것을 배려라고 생각하는 경우가 많습니다.

여러분의 배려 아닌 배려로 누군가는 편안함과 행복을 느낍니다. 그렇다면 여러분 자신은 어떤가요? 여러분은 충분히 스스로를 배려하고, 상대로부터 충분한 배려를 받고 있나요? 당장 타인을 향한 모든 배려를 그만두고 이기적으로 굴어야 한다고 말하는 것은 아닙니다. 다만 가장 소중하게 여겨야 할 사람이 누구인지를 떠올려봐야 한다는 말입니다. 나의 배려는 '내'가 1순위여야 하고, 상대방은 2순위여야 합니다. 내가 나를 배려하지 않으면 나의 자존감은 떨어질 수밖에 없습니다. 나의 마음과 나의 감정이 상대와의 관계에서 늘 무시당하고 있는데, 자존감이 낮아지지 않을 리 없습니다. 남을 위한 배려란, 내가 나를 충분히 배려한 후 이제는 상대방을 배려해도 괜찮다는 생각이 들 때 해야 합니다. 그래야 배려하는 내 마음도 편해질 수 있습니다. 이 행동이 스스로를 배려하지 않는다는 느낌이 드는데도 상대방을 먼저 배려해서는 안 됩니다.

자존감 향상의 시작은 화내기

자존감은 스스로를 가치 있는 존재, 괜찮은 사람으로 인식하는 것이 핵심입니다. 자존감이 낮은 사람들은 어려서부터 스스로를 '괜찮은' 존재로 바라보기 어려운 환경에서 살아온 경우가 많습니다. 그 이유에는 몇 가지가 있습니다.

우리는 어린 시절 모든 생사여탈권을 부모에게 위임할 수밖에 없습니다. 갓난아이는 혼자서 살아남기 위해 할 수 있는 것이 아무것도 없으니까요. 아이는 생존을 위해 부모를 이상화하며 사랑을 갈구합니다. 아이가 부모를 이상화하는 이유는 부모가 부족한 사람이며 언제든 자신을 떠날 수 있다고 생각한다면 엄청난 스트레스를 받으며 불안감에 휩싸일 것이 당연하기 때문입니다.

　그러나 부모는 사실 이상적인 존재가 아닙니다. 예를 들어 제때 밥을 주지 않아 배고픔에 울음을 터트린 아이를 다른 사람들에게 폐가 된다며 혼냈다고 칩시다. 아이는 혼란에 빠집니다. 너무 배고파서 울었는데, 부모가 나의 이 고통을 이해하고 존중하기는커녕 오히려 화를 내면서 운 것은 잘못한 것이니 나를 사랑하지 않겠다는 제스처를 취한 것입니다. 이때 아이는 부모가 잘못했다고 생각하지 못하기 때문에 모든 원인을 부모가 아니라 자신에게 돌리게 됩니다.

　이런 경험을 여러 번 겪으며 자란 아이는 관계에서 발생하는, 더 나아가 자신에게 발생하는 모든 문제의 원인을 스스로에게서 찾게 됩니다. 문제가 발생하면 '나만 달라지면 돼', '내가 노력하면 돼'라고 생각합니다. 상황적 요인이 있을 수도 있고 타인이 잘못한 것일 수도 있는데, 일의 원인을 타인에게 찾고 갈등을 해결하는 경험을 해보지 않았기 때문에 이 선택을 반복합니다. 모든 문제의 원인이 자신에게만 있다고 생각하는 사람은 스스로가 괜찮은 사람이라는 생각을 하기 어렵고, 이는 곧 자존감의 하락으로 이어집니다.

　그렇다면 어떻게 변화를 시작할 수 있을까요?

부모에게 화내기에서 시작할 수 있습니다. 《심리학, 자존
감을 부탁해》의 저자 슈테파니 슈탈(Stefanie Stahl)에 따르면, 아이
가 하나의 독립된 개체로 성장하기 위해서는 일정량의 공격성
이 있어야 한다고 합니다. 이를 '분리 공격성'이라고 하는데, 부
모와 분리되어 독립하기 위해서는 화를 내야 한다는 것입니다.

무엇에 대해서요? 과거의 나를 스스로 부족하게 여기게
만들었던 부당한 경험들과 가치관에 대해 화를 내야 합니다.
늘 다른 형제와 비교해서 내가 부족하다고 생각하게 만든 부모
의 양육 태도에 화를 내야 하고, 혼자 시간을 보내는 것을 좋아
했을 뿐인데 사회성 없고 친구도 없는 사람으로 평가받았던 슬
픈 기억에 화를 내야 하고, 하고 싶은 것보다 해야 할 것들에만
집중하고 내 진심을 들어주지 않은 것에 대해 화를 내야 합니
다. 우리는 부모에게 화를 내면서 부모의 가치관으로부터 벗어
날 수 있습니다.

우리는 앞에서 우리가 관계에서 갈등하는 이유는 서로가
가진 당위적 사고가 다르기 때문이라는 것을 살펴보았습니다.
이 당위적 사고는 개인의 가치관이라고 볼 수 있으며, 부모 때
문에 받았던 부당한 과거의 경험에 대해 화를 낸다는 것은 부모
에게 그들과는 다른 '나의 가치관'이 있다는 것을 선언하면서 그
것을 단단하게 만들어나가는 과정을 의미합니다. 화를 내면서

부터 본격적으로 '내가 나로서 사는 것'이 가능해지는 것입니다.

더 이상 부모의 가치관으로 살지 마세요. 부모는 그 나름으로 우리를 열심히 키우셨지만 변화된 상황, 우리의 기질적 성향이나 가치관을 충분히 알 수 없습니다. 내 가치관이 아니라 부모의 가치관대로 사는 것은 맞지 않는 옷을 입은 것처럼 불편하고 불안하고 항상 불만족스러운 느낌을 줍니다. 궁극적으로 부모는 우리가 행복하게 살기를 원합니다. 그러므로 부모의 가치관에 맞춰 사는 것이 '불행해지는' 길이라면, 당당히 화내고 갈등하길 바랍니다. 우리가 우리의 삶을 살면서 행복한 모습을 보여줄 수 있다면, 결국 부모도 우리를 이해하실 것입니다. 자식 이기는 부모는 없으니까요.

두려워하기보다는 화를 내는 것이 좋다

위협적인 상황을 만났을 때 우리는 두 가지 선택을 할 수 있습니다. 상황에 맞서 화를 내면서 싸우거나 그 상황에 겁을 먹고 두려움에 떠는 것이죠. 어떤 선택을 하는 것이 우리의 삶에 도움이 될까요?

　카네기멜론 대학교의 심리학자인 제니퍼 러너(Jennifer S. Lerner) 박사와 그의 동료들은 2001년에 발생한 9.11 테러 사건과 관련해 한 연구를 진행했습니다. 러너 박사는 테러가 일어난 직후 9일 동안 1786명의 사람들을 대상으로 테러에 대한 감정, 걱정과 스트레스의 정도, 복수를 하고자 하는 욕구 등의 심리적 자료를 수집했습니다. 그리고 두 달 뒤 이 중 973명을 임의로 뽑아 테러와 관련되어 두려움과 화를 불러일으키는 상황을 제시했습니다. 그 결과, 화를 낸 참가자들은 두려움을 느끼는 참가자들보다 테러와 관련한 25가지 위험에 대해 더 낙천적이고 현실적인 평가를 했습니다. 이 실험 결과를 토대로 우리는 화라는 감정을 통해 위협에 대응할 수 있는 심리적 힘을 얻을 수 있다는 점을 알 수 있습니다.

　물론 테러처럼 심각한 위협을 겪는 경우는 거의 없겠지만, 때로 우리 역시 삶의 위협을 느낄 때가 있습니다. 자동차 운전을 할 때나 갈등이 극에 달해 싸워야 하는 경우가 그때입니다. 이럴 때 우리는 두려움에 떨기보다는 차라리 그 상황에 대해 (적절한 수준으로) 화를 내는 것이 좋습니다. 그 감정을 통해 우리는 현실적이고 낙천적인 계획을 세울 수 있습니다. 나를 늘 힘들게 하던 인간관계에 화를 냄으로써 새로운 관계를 시작할 에너지를 얻고, 사사건건 나를 인격적으로 모독하는 팀장에게 분노하며 그 에너지를 이직 준비에 쓰기를 바랍니다.

그들은 왜 나를 공격하는 걸까?

화에 관한 중요한 질문이 있습니다.

"그들은 왜 나를 화나게 하는가?"

"그들은 왜 나를 공격하는 걸까?"

물론 이 경우는 상대가 나에게 실수를 했다거나 세심하게 배려하지 않은 정도가 아니라, 의도를 가지고 나를 공격하는 사람들을 말합니다.

처음에 공격을 당했을 때에는 아마도 이런 생각을 했을지 모릅니다.

'내가 뭔가를 잘못했나?'

'혹시 내가 깨닫지 못했지만 상대에게 상처 줄 말을 했나?'

물론 그럴 가능성도 있습니다. 이런 경우에는 상대방의 공격이 옳으니 사과하면 됩니다. 그러나 아무리 생각해도 내가 상대에게 별다른 잘못을 한 것 같지 않은데도 상대가 분명한 적의를 가지고 직접적으로 혹은 교묘하게 에둘러 자신을 공격하는 것 같다면 그것은 상대의 낮은 자존감에 따른 열등감과 연관된 것일 가능성이 큽니다.

낮은 자기 인식이 만든 공격

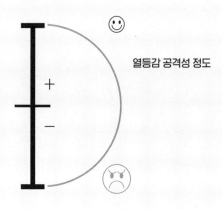

열등감 공격성 정도

자존감이 낮은 사람은 자기에 대한 평가가 낮습니다. 이 그림이 표현하는 것이 바로 '자기 평가'입니다. 플러스(+)는 내가 나에 대해 괜찮다는 평가를, 마이너스(-)는 내가 괜찮지 않다는 평가를 하는 것이라고 이해하면 됩니다. 자존감이 낮은 사람은 자신에 대한 평가는 마이너스이고, 상대에 대해서는 상대적으로 높은 평가를 합니다.

자존감이 낮으면서 상대를 공격하는 유형은 자신과 타인을 비교하는 경우가 많으며, 이 간극이 열등감의 형태로 나타납니다. 상대는 나보다 괜찮고, 나는 상대보다 부족하다는 느낌이 바로 열등감입니다. 이 간극은 두 가지 방식으로 줄일 수 있습니다. 하나는 나의 평가를 플러스 쪽으로 높이는 것이고, 다른 하나는 상대에 대한 평가를 마이너스 쪽으로 내리는 것입니다. 이 간극이 줄어들면 차이에서 나오는 긴장감과 열등감도 줄어듭니다.

성숙한 사람이라면 자신을 발전시키고 스스로에 대한 인식을 개선함으로써 이 간극을 줄이려 하겠지만, 주위에 상처를 주고 공격하는 유형은 오히려 상대를 집요하게 공격하고 깎아내리는 방식으로 간극을 줄이려고 합니다. 자신을 높이는 것은 힘들고 오래 걸리지만 상대를 깎아내리는 방식은 상대적으로 수월하고 빠른 효과를 볼 수 있다고 생각하기 때문입니다.

여러분은 잘못한 것이 별로 없습니다. 굳이 잘못이라고 한다면, 상대방이 열등감을 느낄 요소를 갖고 있다는 것뿐입니다. 그것은 외모일 수도 있고 학력이나 업무 능력, 대인관계, 재력일 수도 있습니다. 엄밀히 말하면 여러분은 그저 가만히 있을 뿐인데 누군가가 갑자기 나타나 혼자 분통을 터트리는 셈입니다. 상대는 오랫동안 스스로에 대해 낮게 평가해왔고, 누군가를 깎아내리는 방식으로 자신의 마음을 보호해왔을 가능성이 큽니다.

여기에서 여러분이 알아야 할 것은 스스로를 괜찮은 존재라고 믿는 사람은 굳이 상대를 공격하지 않는다는 것입니다. 날 선 표현으로 상대를 공격하는 것 혹은 교묘하게 에둘러 공격하는 것은 에너지를 꽤 많이 써야 하는 일이고, 공격 대상과의 사이도 나빠질 것이며, 다른 사람들의 나쁜 평가도 감수해야 하고 반격받을 위험도 있습니다. 하지만 상대는 이 방법이 아니면 자신의 열등감에서 벗어나기 어렵기 때문에 이 위험한 선택을 하는 것입니다. 우리가 이들을 어떻게 봐야 할까요? '아, 불쌍하고 안타깝다'라고 생각하면 됩니다.

저도 그런 경험이 있습니다. 제가 속한 집단에서 여러 문제를 일으키고 저를 포함해 주위 사람들을 은근히 공격하던 A라는 사람이 있었습니다. 저는 A가 정말 싫었지요. 그러나 저는 어느 순간부터 A를 용서하기로 했습니다. 우연히 지하철역 출구에서 A가 나오는 것을 봤는데, 표정이 너무 좋지 않았어요. 그 순간 '아, 이 사람은 행복하지 않구나'라는 생각이 들었습니다.

상대를 공격해 자신을 높이는 사람들은 다른 곳에서도 이런 방식을 씁니다. 문제는 그렇다고 해서 행복해지거나 심리가 안정되는 것은 아니라는 점입니다. 그들은 주변을 공격하는 데 많은 에너지와 시간을 쏟으며, 주위 사람들을 적으로 만듭니다. 그렇게 생각하니 그 사람이 조금 안쓰럽게 느껴졌습니다. 그래서 저는 그 사람을 용서하기로 했습니다. 여러분 주위에도 이런 사람이 있다면 불쌍하게 생각해보세요. 화가 가라앉을 것입니다.

3부
이제는 나도 '화'낼 수 있다

6장

준비운동

화를 제대로 내는 방법을 배우기 전에 먼저 화의 목적을 떠올릴 필요가 있습니다. 우리가 화를 내는 궁극적인 목적은 무엇일까요? 그냥 화가 나니까? 쉬워 보이지 않기 위해? 우리가 화를 내는 목적이 정말 그런 것일까요? 우리가 화를 내는 궁극적인 목적은 두 가지입니다. 첫째, 상대의 말과 행동에 상처받았음을 드러내고 공감과 사과를 받기 위함입니다. 둘째, 나에게 상처가 되는 말과 행동을 멈추기 위함입니다.

그런데 우리가 일반적으로 알고 있는 화내는 방식, 즉 욕을 하거나 소리를 지르는 식으로는 이 목적을 달성하기 어렵습니다. 이런 방식으로는 상대에게 왜 화가 났는지 제대로 설명할 수 없고, 어떻게 해달라는 정확한 요구를 전달하지도 못합니다. 그러면 결국 나의 화는 해소되지 않으며, 상대의 공감과 재발 방지 역시 끌어내지 못합니다. 화를 내기로 했다면, 소리지르며 무분별하게 화내기보다는 제대로 화내는 방법을 배워야 합니다.

먼저 화의 연료를 쌓아두지 않는 방법부터 알아보겠습니다. 앞에서 살펴본 것처럼, 화를 내는 데에는 연료와 성냥이 필요합니다. 연료는 스트레스이고, 성냥은 촉발사고입니다. 화를 성숙하게 내기 위해서는 일단 평소에 화를 쌓아두지 않는 것이 중요합니다. 폭발하기 직전까지 화가 쌓여 있다면 올바른 방법을 배우더라도 제대로 활용할 수 없을 테니까요.

SNS와 거리 두기

우리는 매일 쉼 없이 부정적인 감정을 느낄 준비를 하고 있습니다. 그 준비는 누구보다 우리와 오랫동안 함께하는 스마트폰을 통해 이루어집니다. 페이스북, 인스타그램 등 자주 이용하는 SNS가 한두 개씩은 있을 것입니다. 그런데 잠시 생각해봅시다. SNS를 사용하며 드는 주요한 감정은 무엇인가요? 재미와 즐거움? 감동? 아니면 부러움? 분노?

영국 사우스웨일즈 대학교의 연구 결과에 따르면, SNS를 오래 사용하는 여성들은 다른 사람과 비교를 하면서 부정적인 신체 이미지를 가지기 쉬우며, 우울감이나 고립감뿐만 아니라

160

심지어 식이장애까지 유발될 수 있다고 합니다. SNS에서 사람들은 긍정적인 면만을, 그것도 왜곡해서 보여주는 경우가 많은데 SNS 이용자들은 그 사진이나 글들을 보며 자신과 비교하게 되고 그들보다 부족하다는 생각에 부정적인 감정을 갖게 된다는 것입니다.

예를 들어 SNS를 처음에는 그냥 음식 사진을 올리는 용도로 활용하려고 시작했는데, 다른 사람들이 올린 사진들이 자꾸 눈에 들어옵니다. 세상엔 참 예쁘고 잘난 사람이 많고, 그들은 온갖 곳을 놀러 다니며, 명품을 몸에 휘감고 걱정 하나 없이 사는 것처럼 보입니다. 그런데 나는 그들과는 너무 거리가 먼 삶을 살고 있죠. SNS는 이런 차이를 지표로 보여주는 것 같습니다. 셀카 하나만 올려도 2000~3000개의 '좋아요'를 받는 그들과는 달리 나는 아무리 노력을 해도 100개를 받기 어렵습니다. 나는 비교하고 싶지 않아도 자연스럽게 비교를 하게 됩니다.

SNS의 또 다른 문제점은 그것이 끊임없이 이어진다는 점입니다. 심리학자 애덤 알터(Adam Alter)는 〈왜 화면은 우리를 덜 행복하게 만들까(Why our screens make us less happy)〉라는 테드 강연에서 끝의 표시가 없는 디지털 화면의 문제점에 대해서 언급했습니다. 기존 매체들 안에는 끝의 표시가 있었으나 현재의 디지털 미디어는 멈춤 표시가 없다는 것입니다. 과거에 사용하던 매체들, 이를테면 책이나 신문은 끝의 표시가 확연했습니다. 신문은 모든 지면을 다 보면 끝났고, 책 역시 마지막 페이지를 읽으면 마무리할 수 있었습니다. 조금 더 나아가 TV 역시 하나의 프로그램은 방영 시간이 끝나면 종료가 되었지요.

그러나 우리가 최근 우리가 가장 많이 활용하는 매체인 SNS는 끝이 없습니다. 페이스북이나 인스타그램은 무한히 새로운 정보를 만들어내고, 무한히 스크롤할 수 있습니다. 스스로 제지하지 않으면 말 그대로 하루 종일 보고 있어도 끝나지 않지요. 따라서 비교를 강제하는 SNS를 통해 우리는 끊임없이 비교를 하게 됩니다.

또한 우리는 SNS를 통해 부정적인 정보 또한 많이 접하게 됩니다. SNS에서는 스트레스를 증가시키는 사건을 접하지 않을 수 없습니다. SNS에는 전 세계에서 매일 천인공노할 일들이 넘쳐납니다. 우리는 모두 각자의 생각이 있고, 각각의 사건에 대해 나름의 의견을 가지고 있기 때문에 나와 생각이 다른 한쪽에 화가 나게 됩니다. 자기가 속한 집단과 당위적 사고가 다를 수밖에 없으니까요.

끊임없이 주어지는 이런 정보들은 지속적으로 우리의 스트레스 게이지를 채웁니다. 그러나 이런 정보 중에는 사람들의 관심을 끌고 싶어서 의도적으로 과장한 것이거나 사람들의 클

릭을 유도함으로써 광고수익을 올리려는 꼼수도 많습니다. 또 SNS를 하지 않았다면 몰랐을 사건들을 우리는 너무 많이 접하게 되고, 그로 인한 부정적인 감정을 자주 느끼게 됩니다. SNS를 통해 우리는 굳이 느끼지 않아도 될 감정을 느끼고, 굳이 채우지 않아도 될 스트레스 게이지를 채우는 셈입니다.

또한 화는 특히 소셜미디어를 통해 쉽게 전염되는 특성을 보입니다. 베이징 대학교의 연구원들은 SNS상의 7000만 개 이상의 포스트에서 네 개의 기본적인 감정들을 추출한 결과, 분노가 슬픔이나 기쁨보다 더 영향력이 있다는 것을 발견했습니다. 연구에 따르면, 분노는 다른 감정에 비해 더 빠르고 더 넓게 퍼지며, 우리의 아드레날린을 증폭시키고 신경계에 투쟁-회피 반응을 일으킵니다. 또한 코르티솔, 스트레스, 불안 호르몬을 높이며 이는 당연히 건강에 나쁜 영향을 끼칩니다.

많은 사람들이 붕 뜬, 비어 있는 시간을 보내기 어려워합니다. 그 시간에 불안, 걱정, 후회 등 나쁜 생각이 너무 많이 들기 때문에 회피하고 싶은 심리도 있지요. 이런 걸 피하려고 선택한 SNS가 사실은 더 나쁜 경험을 제공하고 있는 것은 아닌지 생각해보면 좋겠습니다.

스트레스 제거

화가 나는 상황에서 적절히 화를 내기 위해서는 기존에 쌓인 스트레스를 해소해야 할 필요가 있습니다. 최대한 평온한 상태에서 문제를 마주쳐야 가장 이성적이고 효과적인 답이 나올 수 있기 때문입니다. 몇 가지 방법을 소개합니다.

울기

감정이 북받쳐서 울고 나면 한결 나아지는 경험을 한번쯤을 해보셨을 것입니다. 우는 것에는 생각 외로 여러 가지 장점이 있습니다. 먼저 스트레스를 해소하고 혈압을 낮추는 효과가 있습니다. 우리가 스트레스를 받으면 특정 화학 물질이 분비되어 체내에 쌓이는데, 울면 체내의 독소가 눈물샘을 통해 빠져나옵니다. 또한 울기는 즉각적으로 기분을 개선시키는 효과가 있습니다. 우리 몸의 망간 수치가 증가하면 스트레스와 불안감을 느끼게 되는데, 울면 체내의 망간 수치가 내려가기 때문입니다. 즉, 울기는 감정적 고통을 완화하는 자연적인 방법입니다.

운동

로버트 새폴스키(Robert M. Sapolsky)는 그의 책 《스트레스 : 당신을 병들게 하는 스트레스의 모든 것》에서 스트레스 대응에 운동이 좋은 이유를 다음과 같이 밝히고 있습니다.

"첫째, 운동은 다양한 대사 및 심장혈관 질환의 위험도를 낮추며, 이런 질환들이 스트레스로 인해 악화될 확률을 감소시킨다. 다음으로 운동은 일반적으로 기분을 좋게 만든다. 신경증적이고 내성적인 사람들조차 운동을 하면 기분이 좋아진다. 이것은 아마도 운동이 베타엔도르핀의 분비를 유발하는 것과 관련이 있는 것 같다. 마지막으로 운동을 함으로써 정신적 스트레스에 대한 스트레스 반응이 줄어든다는 증거가 있다."

집중적 활동

먼지 쌓인 집 안을 청소해봅시다. 집중적 활동은 해당 과제에 에너지를 집중하게 함으로써 스트레스를 감소시킵니다. 청소 이외에도 십자수나 컬러링북 채색, 피규어 만들기 등의 활동도 복잡한 생각 없이 집중할 수 있도록 도와줍니다. 인터넷을 통해 관련 정보를 검색해 나에게 맞는 것이 무엇인지 찾아봅시다.

유머

강아지, 고양이, 귀여운 아기 사진처럼 자동으로 우리를 미소 짓게 만드는 사진을 봅시다. 혹은 최근에 가장 인기가 많은 예능 프로그램을 찾아서 봅시다. 웃음과 함께 스트레스도 줄어드는 것을 느낄 수 있을 겁니다.

글쓰기

글쓰기 치료의 효과는 여러 연구에서 검증돼왔습니다. 글쓰기를 통해 자신의 감정을 쏟아내면 스트레스 완화에 큰 도움이 됩니다. 오늘 스트레스를 받았던 경험을 쭉 써보고, 그 스트레스를 받은 나에게 따뜻한 말을 건네보세요.

이완 훈련

심호흡을 합시다. 숨을 크게 들이마셨다가 잠시 멈추고 내쉬는 것을 몇 번 하면 분명히 감정의 기복이 줄어들 것입니다. 점심시간에 짬을 내 팔과 다리를 포함한 몸 전체를 쫙 폈다가 온몸의 힘을 빼는 이완 훈련을 하는 것도 스트레스 회복에 큰 도움이 될 수 있습니다.

고통을 말로 표현하기

사실 욕설을 하는 것도 스트레스 완화에 도움이 됩니다. 뉴질랜드 매시 대학교의 연구에 따르면, 애인과의 이별이나 단기간에 걸쳐 발생하는 사회적 스트레스 등 비교적 가벼운 정신적 고통에는 가벼운 욕설을 하는 것이 어느 정도 도움이 된다고 합니다. 그러나 정신적 고통의 수준이 심각할 경우에는 소용이 없습니다. 연구와 달리 실제 애인과의 이별이 가벼운 정신적 고통은 아닐 것이고, 잘되어가는 줄 알았던 썸이 '읽씹' 혹은 '좋은 분 만나세요'로 마무리되었을 때 쓰는 게 적절하겠네요.

게임

게임은 몰입의 조건을 모두 갖추고 있기에 집중적 활동과

3부 이제는 나도 '화' 낼 수 있다

마찬가지로 한 가지에 집중하게 함으로써 스트레스를 완화해 줍니다. 최근에는 거의 영화나 다름없는 스토리와 비주얼을 갖춘 게임들도 출시되고 있습니다. 하지만 스트레스를 받을 만한 게임은 피해야 합니다.

섹스

(할 수 있다면) 섹스를 통해 스트레스를 완화시킬 수 있습니다. 섹스는 자극이 아주 큰 활동이므로 고통스러운 감정의 인식을 차단하며, 오르가슴을 통해서 긴장을 감소시킬 수 있다고 합니다.

인형 배 때리기

커다란 인형은 때리기 좋은 상대입니다. 사준 사람이 분노의 대상이라면 더 좋지요. 내 이야기도 잘 들어주고 폭신해서 안으면 기분 좋은 곰돌이를 오늘은 때려주기로 합시다. 다 때리고 나서는 고생했다고 한번 쓰다듬어주세요.

노래 부르기

가까운 코인 노래방에 갑시다. 물론 방 안에 CCTV가 달려 있기는 하지만 직원이 우리에게 신경 쓰지는 않을 테니, 마음

168

껏 노래를 불러봅시다. 슬프다면 세상에서 가장 처량한 사람처럼 발라드를 부르고, 억울하다면 소리를 고래고래 지르는 록을 부르는 것을 추천합니다. 만약 집에 방음이 잘 된다면 집에서 노래를 부르는 것도 좋습니다.

아무것도 안 하고 쉬기

때론 뭔가를 하지 않고 쉬는 것이 제일 중요합니다. 당신은 어쩌면 너무 열심히 달려서 에너지가 부족해진 것일 수도 있으니까요. 무언가를 '해야 한다'는 생각에서 잠시 벗어나 아무것도 하지 않고 쉬어보세요. 당신은 늘 뭔가를 하기 위해서 태어난 건 아니니까요.

강한 스트레스에서 빠져나오기

그러나 이런 방법들로 효과를 볼 수 있는 스트레스는 가벼운 수준이라고 할 수 있습니다. 만약 상대가 나에게 지나치게 모욕적인 말을 했고, 나는 그것에 대응하지 못했으며, 앞으로도 내 감정을 상대에게 제대로 표현할 기회를 얻지 못할 것이라면 어떨까요? 아마도 당시의 모욕적인 경험이 계속 떠올라 강력한 스트레스를 받게 될 것입니다. 잊어버리려고 해도 이따금 그때의 경험이 떠올라 부정적인 감정에 휩싸이고, 제때 제대로 화내지 못한 스스로를 공격하기도 하겠지요. 이런 강한 스트레스를 벗어날 수 있는 방법으로 세계적인 커뮤니케이션 전문가

바바라 베르크한(Barbara Berckhan)은 몇 가지 전략을 제시했습니다.

자신의 경험을 다른 사람에게 이야기하기

힘들 땐 이야기를 합시다. 친구에게 힘들다고 이야기하고, 이해와 공감을 받읍시다. 자신의 감정을 세밀하게 돌아보고 그 것을 소중한 친구에게 이야기해주세요. 우리의 부정적인 감정을 에너지라고 했을 때, 사람들과 부정적인 감정을 나누게 되면 그 에너지는 줄어들고 중화됩니다. 그들은 나의 편이 되어 내 입장을 옹호해주고, 심리적 충격을 완화시켜줄 것입니다.

당시의 사건과 기분을 상세히 적기

만약 이 경험을 다른 사람과 이야기할 수 없다면, 그 경험과 감정을 글로 적어봅시다. 글로 적는 것 역시 부정적 에너지를 밖으로 내보내는 역할을 합니다. 안 좋은 생각들을 머릿속에 가두어두기만 하면, 그 에너지는 중화되지 않을 뿐만 아니라 더 커질 수도 있습니다.

고통을 받아들이기

고통을 회피하고 부정하고 싶겠지만 그것은 문제를 해결

171

해주지 않습니다. 고통을 있는 그대로 받아들이는 과정이 필요합니다. 대신 상대를 이해하려는 데 먼저 에너지를 쏟아서는 안 됩니다. 당신은 모욕적인 발언을 들었고, 그것은 당신을 너무 아프게 했습니다. 당신은 아픈 사람이므로 이제 좀 쉬고, 그 상처를 회복할 방법을 찾아야 합니다. 만약 이것을 상처로 인식하지 않는다면, 우리는 회복을 하려는 시도를 계속 뒤로 미루게 됩니다.

논리적으로 생각하기

어느 정도 마음의 상처를 회복했다면, 이제 이 문제를 객관적으로 바라봐야 합니다. '왜 나는 그 상황에서 모욕을 받았는가?' '어떻게 하면 당시와 비슷한 상황에서 모욕을 받지 않을 수 있을까?' '비슷한 모욕을 또 받는다면 어떻게 대응할 수 있을까?' 등에 대해 철저한 전략을 세워야 합니다.

필요병과 당위적 사고 고치기

앞에서 우리는 화의 연료에 불을 붙이는 촉발사고인 필요병과 당위적 사고에 대해서 살펴보았습니다. 이번에는 이 필요병과 당위적 사고에 어떻게 대응해야 하는지를 알아봅시다.

우리는 너무 많은 부분에 '필요'라는 단어를 붙이고 그 필요가 충족되지 않으면 자신과 환경을 탓합니다. 그리고 우리가 세워놓은 규칙이나 규범을 지키지 않으면 지키지 않는 대상에게 화가 납니다. 만약 우리가 많은 것들에 대해 그저 '있으면 좋지만 없어도 괜찮아' 정도로 생각을 바꾼다면 어떻게 될까요? 우리는 이런 식으로 생각하게 될 것입니다.

내가 좋은 대학을 나왔더라면 좋았겠지만 그렇지 않아도 괜찮아.

→ 대학보다 중요한 것은 내가 하고 싶은 일을 찾아서 전문화하는
거야.

우리가 어떤 것에 대해서 '필요'를 붙이지 않으면 상당히 자유로워질 수 있습니다. 무언가 없다고 해도 딱히 화가 나지 않고, 좌절하거나 무기력해지지 않거든요. 그리고 그런 것들이 내게 주어졌을 때 감사하는 마음도 가질 수 있습니다.

필요병으로부터 자유로워지기 위해서는 일단 '그 필요를 내가 정말 직접 느꼈는가?'를 확인하는 과정이 필요합니다. 살면서 이게 정말 필요하다고 느끼기 위해서는 선행 상황이 있어야 합니다. 봄마다 알레르기성 비염을 앓는 사람은 살면서 여러 어려움에 처합니다. 눈은 충혈되고, 코는 막히고, 숨도 제대로 쉬기 어려우며, 휴지를 동반자로 삼아야 합니다. 그러던 차에 비염약을 통해 비염의 개선 효과를 본 사람은 비염약을 필요로 하게 됩니다. 이런 경우 비염약은 필요한 것이라고 할 수 있습니다.

그러나 우리가 '필요'라고 이름표를 붙이는 것들의 대부분은 진짜로 원한다기보다는 미디어나 주위 사람들이 '당신은 이게 필요할 거야'라고 강요하는 것들이 많습니다. 혹시 '진정한

나를 발견하기 위해서는 여행이 필요해'라는 생각을 가지고 있나요? 그 생각은 어디에서 시작되었으며, 그것이 필요하다고 생각하는 이유는 무엇인가요? 혹시 내가 겪지 않은, 분명하지 않은 이유들(예를 들어 멋있어 보이니까, 친구들이 다 가니까, '엑설런스 인 플라이트'라는 광고를 봐서)로 그것이 필요하다고 이름표를 붙이고 있는 것은 아닌가요? 당신만의 필요 목록을 떠올려보시기 바랍니다. 그 필요 목록에 있는 것들에 의문을 표시하고, 정말 필요하다는 생각이 들지 않는 것에는 ×표를 쳐봅시다. ×표가 늘어갈수록 당신의 마음이 편안해질 것입니다. 그리고 정말 필요한 것에 집중하게 되겠지요.

당위적 사고는 '일반적으로', '대개', '상식적으로'라는 말과 함께 남용되기 일쑤입니다. 누군가는 길에서 담배를 피우며 사람들에게 피해를 주는 것은 잘못이고 해선 안 된다고 생각하지만, 다른 누군가는 그렇게 생각하지 않을 수 있습니다. 걸으면서 담배를 피우는 것보다 스마트폰을 들여다보는 것이 더 나쁘다는 당위적 사고도 있을 수도 있으니까요.

확실한 것은 나의 당위적 사고와 타인의 당위적 사고가 같을 수 없다는 점입니다. 그런 당위적 사고를 많이 가지고 있는 것은 나를 힘들게 할 뿐입니다. 세상에 범죄는 없어야 한다고 강하게 믿는 사람은 이 세상을 버틸 수 없습니다. 현실에서는 매일 그런 문제가 발생하고 있기 때문에 매일 그것에 분노한다면 화병으로 몸져누울 수밖에 없겠지요.

물론 모든 당위적 사고를 없앨 수는 없습니다. 또 당위적 사고가 필요할 때도 있습니다. 하지만 그것이 지속적으로 스트레스를 준다면 생각의 전환이 필요합니다. 이럴 때는 성악설이 도움이 됩니다. 성악설은 사람이 태어나면서부터 가지고 있는 욕망에 주목하면서 그것을 방임하면 사회적인 혼란이 일어난다고 주장합니다. 수양이란 사람의 내면에 잠재된 것을 기르는 것이 아니라 외부의 가르침이나 예의에 의하여 후천적으로 쌓아 올리는 것을 가리키는 것이고요. 우리도 이렇게 생각해보면 어떨까요?

'원래 사람들은 그런 규칙이나 규범을 잘 지키지 않지만 간혹 좋은 사람들은 그 규범을 지킨다. 그러니까 그런 멋진 사람들을 칭찬해주자.'

그래도 생각을 바꾸기 어렵다면, 이런 당위적 사고 때문에 생기는 화를 세상을 변화시키는 데 활용해보는 것도 좋습니다. 어떻게 하면 내 주변의 사람들이 기본적인 예의를 지키게 할 것인가에 대해 고민하고 좋은 행동을 확산시킬 방법을 찾는 것입니다. 카일리시 사티아르티가 만약 불의를 보고 화만 냈다면 그처럼 훌륭한 일을 할 수 없었을 것입니다. 그러나 그는 화를 세상을 바꾸는 에너지로 전환하는 데 성공했고, 결국 많은 변화를 이뤄냈습니다. 여러분의 작은 일상에서도 이처럼 화를 변화의 에너지로 바꿀 수 있습니다.

내면 아이 달래기

이 책의 맨 앞에서 저는 다이아몬드와 돌의 예시를 통해 핵심은 소중함이고, 그 안에는 자신에 대한 가치 판단이 들어 있다고 이야기했습니다. 만약 여러분이 스스로에 대한 가치를 낮게 평가하고 소중히 여기지 않고 있다면 화를 내기 어려울 것입니다. 소중하지 않은 것을 위해 화를 낼 이유가 없으니까요.

어린 시절에 스스로를 소중하게 여길 수 없었던 경험을 한 적이 있나요? 큰 실수를 했다거나 상처를 받았지만 아무에게도 위로를 받지 못했다든가 하는 경험 말입니다. 어렸을 때 이런 경험들이 치유되지 않은 채 자랐다면 현재에도 스스로를 소중하게 여기기 어렵습니다. 그런 실수를 한 내가, 그런 위로를 받지 못한 내가 자라서 된 존재가 바로 '지금의 나'이기 때문입니다. 그러므로 우리가 해야 할 일은 과거의 상처를 회복하고 그 경험을 제대로 바라보는 일입니다. 구체적인 방법은 다음과 같습니다.

1. 조용한 방에서 편안한 마음으로 자리에 앉는다.
2. 과거에 스스로를 소중하게 생각할 수 없었던 경험들을 떠올린다.
3. 나를 닮은 아이 한 명을 그려본다.
4. 그때의 나의 감정, 생각, 욕구 등을 그 아이의 말풍선에 적어본다.
5. 이 아이가 그런 감정과 생각, 욕구 등을 갖게 된 상황적인 요인을 그 아이 주변에 적는다.
6. 이제 오른쪽에 다 큰 어른을 그려 넣는다. (이때 이 어른은 아이를 위로하는 모습으로 그린다.)
7. 그 어른은 그 아이를 누구보다 잘 아는 사람으로서 아이에게 진심으로 위로와 응원의 말을 건넨다.

이 기법은 내면 아이와 내면 어른의 개념을 가져와 과거의

상처받은 나의 자아를 회복하는 것으로, 성숙한 어른으로서 그 때의 상처받은 나를 떠올리며 위로해주는 방법입니다. 지금의 나는 다 큰 어른이지만 내면의 아이는 아직 그 상처를 품은 채 울고 있습니다. 그 상처 때문에 지금의 나를 긍정적으로 바라 볼 수가 없는 것입니다.

저의 개인적인 이야기를 잠시 들려드리겠습니다. 저는 초 등학교 4학년 때 경기도에서 충청도의 어느 시골로 이사를 가 게 되었습니다. 친할머니께서 연로하셔서 모셔야 한다는 명목 이었지만, 사실은 부모님의 살림살이가 어려워진 것이 더 큰 요 인이었습니다. 그렇게 낯선 곳으로 이사하고 학교를 옮기면서 저는 일생일대의 어려움을 겪게 되었습니다. 새로운 학교에서 제대로 적응하지도 못하고 따돌림을 당했기 때문입니다.

성격이 외향적이지 않아 친구 사귀는 것도 어려웠고 공부와도 썩 친하지 않았습니다. 그런 저를 새로운 학교의 친구들은 그다지 환영해주지 않았습니다. 반 아이들에게 맞기도 했습니다. 담임 선생님도 제 문제에 그다지 관심이 없었고, 오히려 수학 문제를 풀지 못했다고 공개적으로 혼을 내시기도 했습니다. 이런저런 경험들로 저는 내가 괜찮은 사람이라는 생각을 하지 못했습니다.

부모님께는 이런 이야기를 하지 못했어요. 특히 어머니께서는 새로운 곳에서 정착하기 위해 호떡 장사를 하시는 등 고생하고 계셨기 때문에 그런 이야기를 하기가 더 어려웠습니다. 당시 저의 주요 감정을 표현하자면 우울, 불안, 의기소침 등일 것입니다. 얼마나 힘들었으면, 중학교에 올라갈 때 초등학교 동창들과 멀어질 수 있는 학교로 배정되어 다행이라고 생각했을까요?

이런 과거의 경험을 가진 저를 내면 어른이 위로해주면 어떨까요? 이렇게 말이지요.

"네가 갑자기 전학을 가면서 새로운 환경에 적응하고, 새로운 친구들을 사귀어야 해서 많이 힘들었겠다. 환경은 낯설고, 친구들은 잘해주지도 않고 심지어 따돌리기까지 했으니 얼마나 불안하고 우울하고 힘들었니? 너는 부모님을 걱정시키기 싫어서 이런 이야기도 쉽게 꺼내지 못했던 거구나. 정말 착한 아이였네. 너는 매력이 없거나 부족한 아이가 아니었단다. 단지 조금 내성적이고, 새로운 곳에서 적응하는 것이 쉽지 않았던 아이였던 것뿐이야. 초등학교 4학년짜리 아이가 어떻게 새로운 환경에 척척 적응할 수 있겠니? 다행히 나중에는 좋은 친구들을 만나서 지금까지 좋은 관계를 유지하고 있잖아. 그건 네가 괜찮은 아이라는 것을 증명하는 증거란다. 그때 그 친구들도 그냥 어렸던 것뿐이고, 배려하는 법을 잘 몰랐던 거야. 당

네가 아는 사람 하나 없는 곳으로 전학을 가서 모든 게 낯설고 힘들었구나.
어린 나이에 갑자기 새로운 환경에 적응하는 건 쉽지 않은 일일 거야. 충분히 이해해.
네 잘못은 없단다. 다른 애들도 어리고 미성숙해서 멀리서 온 너를 낯설어해서 그랬던 걸 거야.
나중에 좋은 친구들을 만나서 지금까지 연락하며 잘 지내잖아?
그때의 너는 전혀 부족하지 않았어.
그냥 조금 소심하고 내성적인 아이였던 것뿐이야.
괜찮아.

시 선생님은 지금 생각해도 계속 서운하지만, 이제 다시 볼일도 없으니 마음 넓은 네가 이해해주기로 하자."

이렇게 과거의 나를 위로하는 과정을 통해 과거의 상처를 다시 떠올리고 조금씩 회복해갈 수 있습니다. 자신을 소중하게 여길 수 없도록 만들었던 과거의 사건들을 떠올려보고, 하루에 하나씩 여러 번에 걸쳐 이 방법을 써봅시다. 과거의 상처받은 아이가 조금씩 웃음을 되찾을 수 있을 것입니다.

만약 과거의 상처가 너무 커서 도저히 혼자 해결할 수 없다면 정신건강 전문가에게 상담을 받는 것도 추천합니다. 과거의 상처를 돌보는 것은 정신과 병원보다는 주로 심리상담소가 더 적합하며, 정신과에서도 심리 상담을 중요하게 진행해주는 곳이 있으니 잘 알아보고 방문해보시기 바랍니다. 과거의 나를 치유해주지 않으면 스스로를 소중하게 여길 수 없고, 스스로를 소중하게 여기지 않는 사람은 부당함에 맞서기 어렵습니다. 즉, 제대로 화를 낼 수 없게 되지요. 그때의 나는 잘못이 없었거나 잘못을 의도하지 않았고, 주위 사람들 역시 나를 위로할 만큼 여유가 없었던 것이지 내가 부족한 사람이어서 위로나 응원을 안 해준 것이 아닙니다. 난 태어나면서부터 소중한 존재이고, 과거의 몇 가지 일 때문에 그동안 나를 소중하게 생각하지 못했던 것뿐입니다.

비합리적인 신념 버리기

인지행동치료의 일종인 합리적 정서행동치료(Rational Emotive Behavior Therapy, REBT)는 미국의 정신과 의사이자 심리학자인 앨버트 엘리스(Albert Ellis) 박사가 개발한 것으로, 내담자의 비합리적인 신념을 변화시킴으로서 결과를 바꾸는 치료법을 가리킵니다.

사건에 대한 우리의 해석이 심리적 고통의 핵심이라고 주장한 엘리스는 이러한 과정을 설명하기 위해 'ABC 모델'을 만들었습니다. 여기서 A는 선행사건(Activating event), B는 신념(Belief), C는 결과(Consequence)를 말합니다. 같은 선행사건을 경험하더라도 우리가 어떤 신념을 가지고 있느냐에 따라 결과, 즉 행동과 감정은 달라질 수 있습니다. 이를테면 늘 인생은 즐거워야 한다는 신념을 갖고 있는 사람이라면 지루한 하루라는 선행사건이 일어났을 때 현재의 상태를 잘못되거나 부족한 것으로 인식할 수 있습니다. 그러나 인생은 지루할 수도 즐거울 수도 있다고 생각하는 사람은 현재의 상태를 아주 정상적으로 인식하겠지요.

합리적 정서행동치료는 이러한 비합리적인 신념을 논박의 과정을 통해 합리적으로 변화시키고 긍정적인 행동과 감정으로 이끄는 치료 과정입니다.

→ '늘 즐겁게 사는 것이 인생'이라고 생각하기 때문에 지루한 하루를 나쁘게 해석하고 인생을 잘못 살고 있다고 여김.

→ '인생은 늘 즐거워야지!'라는 신념을 '인생은 지루한 날도 있고 재미있는 날도 있어'로 바꾸니, '오늘은 지루하지만 내일은 즐거울지도 몰라'로 결과 변화.

화를 내지 못하는 사람은 화에 관해 여러 가지 비합리적인 신념을 가지고 있는 경우가 많습니다. 여기에서는 크게 두 방향에서 이 비합리적 신념이 화에 영향을 미치는 과정을 소개해 보겠습니다.

첫째, 화가 날 수밖에 없는 비합리적 신념을 가지고 있을 수 있습니다. 화는 당위적 사고에 의해 촉발되는데, 만약 이 당위적 사고가 비합리적이라면 여러분은 매번 그 결과로 분통이 터지고 스트레스를 받을 것입니다. 자기애성 인격, 편집성 인격, 강박성 인격, 경계성 인격의 사람들이 화를 잘 내는 이유는 강하고 편협하고 비합리적인 신념 때문입니다. 사람들이 가진 수많은 비합리적인 신념 중에서 가장 대표적인 것이 바로 귀인 오류(fundamental attribution error, FAE)라는 것입니다. '귀인(歸因)' 은 '원인의 귀착'의 줄임말로서, 한 개인이 타인의 행동이나 사건의 원인을 어떻게 설명하느냐와 관련이 있습니다.

기본적 귀인오류는 관찰자가 다른 이들의 행동을 설명할 때 상황 요인들의 영향을 과소평가하고 행위자의 내적 · 기질적 요인들의 영향을 과대평가하는 경향을 말합니다. 사람들은 다른 사람이 그렇게 행동하는 원인을 그가 처한 상황의 조건보다는 성격이나 능력, 동기, 태도, 신념 등에 돌리는 경향이 있습니다. 사람들이 다른 사람을 관찰할 때에는 상황보다 개인에 초점을 맞추기 쉽기 때문입니다. 이 책을 읽는 여러분도 어느 정도 이 오류를 지니고 있을 것입니다. 그런데 재미있는 점은 이 기본적 귀인오류가 자신의 행동을 설명할 때에는 잘 나타나지 않는다는 것입니다.

우리는 우리가 마주치는 수많은 사람들의 행동을 이러한 오류를 통해 바라봅니다. 잘못 주차된 차를 보면 '운전자가 매너가 얼마나 없으면', '운전자가 얼마나 자기만 생각하기에'라고 화를 냅니다. 운전자가 눈앞에 있으면 소리를 지르기도 합니다. 그러나 우리는 이 사람이 아픈 환자를 급히 병원에 데려

187

가기 위해 어쩔 수 없이 잠깐 그렇게 주차를 한 것이라고는 생각하지 못합니다. 별다른 정보가 없다면 이전까지 써왔던 방법, 즉 행위자의 능력, 동기, 태도, 신념에 문제가 있다고 판단합니다. 그것이 쉽고 편하기 때문입니다. 우리는 폭넓은 사고를 하기 전에 빠르게 행동의 원인을 추리하고 판단을 완료하며, 이는 곧바로 부정적인 감정과 연결됩니다.

우리가 기본적 귀인오류에서 배울 수 있는 것은 나의 추측이 그 당시에 합리적이라는 생각이 들더라도 사실은 틀린 추측일 수 있고(즉, 잘못된 신념일 수 있고), 이 틀린 추측이 잘못된 화를 불러일으킬 수 있으니 판단을 유보하거나 다른 가능성을 떠올리는 것이 좋다는 점입니다. 또한 나와 직접적으로 관련이 없는 사건에 대해서는 굳이 판단을 내리지 않는 것이 좋습니다.

여러분도 오해를 받은 경험이 있을 것입니다. 어떤 상황적 이유 때문에 어떤 행동을 했는데 사람들은 여러분이 생각이 없다거나 이기적이라고 공격했던 경험들 말입니다. 그들은 여러분 행동의 원인을 제멋대로 추측한 뒤 화를 냈고, 여러분은 여러분의 상황을 전혀 고려하지 않고 쉽게 판단해버리는 사람들에게 화가 났을 것입니다. 그렇게 생각해보면 남들을 판단하는 것이 얼마나 위험한 일인지 이해할 수 있습니다.

둘째, 화나 화를 내는 행위에 대한 비합리적인 신념이 문

제일 수 있습니다. 화는 없는 것이 좋고 화를 내면 늘 문제만을
발생시킨다는 신념 말입니다. 여기에서 선행 사건은 화를 내
야 하는 상황이고, 비합리적 신념은 '화를 내서는 안 된다'이며,
결과는 화를 내지 못해 후회하며 자신을 탓하다가 결국 잘못된
방법으로 터져버리는 것, 우울해지거나 면역력이 약해지는 것
입니다. 우리가 화에 대해 가지고 있는 비합리적인 신념을 조
금 더 자세히 살펴보겠습니다.

내가 지금 화를 낸다면 너무 지나치게 표현할 것 같다

《분노 관리하기》의 저자이자 호프스트라 대학교의 임상심
리학과 교수인 하워드 카시노프(Howard Kassinove)에 의하면 화
가 실제 공격으로 이어지는 경우는 전체의 약 10퍼센트에 불
과하다고 합니다. 그러니 당신이 우려하는 일이 일어날 확률은
매우 낮습니다.

화를 내는 것은 상황을 악화시킬 뿐이다

적절히만 낼 수 있다면 화는 당신의 솔직한 마음을 전달하
는 효율적인 수단이 될 수 있습니다. 그리고 이 과정에서 당신
의 경계를 확실히 알 수 있습니다. 이것이 건강한 관계를 만들
어가는 시작입니다.

화를 낸다고 해서 문제가 해결되지는 않는다

화를 낼 때 당신이 정확히 어떤 감정 상태이며 무엇을 원하는지 제대로 이야기한다면(화의 목적을 정확하게 한다면) 문제는 분명 해결되는 방향으로 움직이며, 적어도 당신의 의견이 반영될 수 있기에 이전보다 나은 결과를 만들어냅니다.

나만 참으면 문제가 평화롭게 해결될 것이다

겉으로는 그럴 수 있지만, 상대는 당신의 마음을 모르기 때문에 문제는 계속 발생합니다. 무엇보다 지금 당신의 마음이 평화롭지 않습니다.

화를 내면 누군가가 상처를 받을 것이다

당신이 받은 상처는 그냥 넘어가고 남이 받을지 안 받을지 모르는 상처를 먼저 생각하는 것은 형평성에 어긋납니다. 당신이 상대를 인신공격하거나 상처를 줄 생각으로 자신의 마음을 밝히는 것이 아니라면, 상대가 꼭 상처를 받는 것으로 마무리되지 않습니다. 당신이 화내는 모습을 보고 상대방은 당신을 더 깊이 이해하게 될 수도 있습니다.

화를 낼 타이밍을 놓쳐서 화를 낼 수 없다

지금까지 자신을 소중하게 여기지 않았거나 자신의 감정을 바라보는 연습을 하지 못했다면, 자신이 무시당했거나 부당한 대우를 받았다는 느낌을 사건 발생 직후 바로 깨닫지 못할 수도 있습니다. 그렇다고 해서 꼭 타이밍이 늦은 것은 아닙니다. 상대의 말과 행동에서 상처받았다는 사실을 알리는 것이 중요하지, 꼭 즉시 대응해야 하는 것은 아닙니다. 솔직한 마음을 표현하는 것이 순발력 싸움은 아니니까요.

___화낼 상황 판단하기

화를 내기 직전에 우리는 두 가지의 판단을 확실히 내려야 합니다. 하나는 화가 날 상황인지, 다른 하나는 화를 내야 하는 상황인지를 판단하는 것입니다.

화가 날 상황인가

화가 날 상황인지 아닌지를 판단하는 것은 매우 중요합니다. 사실 확인 없이 상대방의 발언 혹은 행동에 화를 내는 것은 너무 비효율적이기 때문이죠. 여러분이 만약 오랫동안 갈등을 피해왔고 스스로를 소중하게 여기지 못했던 사람이라면, 추측을 통해 상대방의 심리를 추리하고 더 나아가 확신하곤 했을 것입니다. 그러나 심리학자도, 범죄를 수사하는 형사도 그 사람이 솔직하게 이야기하지 않으면 진의를 파악하기 힘듭니다. 그럼에도 우리는 자신의 추측을 너무나 신뢰하는 경향이 있습니다. 문제는 이 추측이 거의 '부정적인 결론'에 도달하는 경우가 많다는 것입니다. 이런 부정적인 추측이 발생하는 이유는 다음과 같습니다. 다음 그림을 다시 한 번 살펴보도록 하겠습니다.

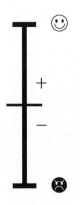

스스로를 소중하게 여기지 못하는 사람의 경우, 자기 평가는 그림의 검은색 얼굴처럼 마이너스(-)에 있고 타인에 대한 평가는 하얀색 얼굴처럼 플러스(+)에 있습니다. 즉, 나는 괜찮은 존재가 아니고 상대는 괜찮은 존재라는 생각을 은연중에 갖고 있는 것입니다. 이런 식으로 자기 평가를 하고 있기에 다른 사람 역시 나를 마이너스로 평가할 것이라고 가정합니다. 이런 기본 가정을 토대로 상대방의 행동을 바라보다 보니 많은 것들이 부정적으로 읽힐 수밖에 없습니다.

예를 들어 상대는 나를 인지하지 못해 인사를 안 한 것뿐인데 나를 무시한다고 생각해 화를 낼 수 있고, 개인적인 사정으로 기분이 좋지 않아 나의 말에 긍정적으로 답하지 못한 것뿐인데 나에 대해 나쁜 감정을 가지고 있다고 생각해 화를 낼 수도 있습니다.

화를 내기 전에 한 번 더 생각해보기 바랍니다. 저 사람이 정말 의도를 가지고 나를 공격하는 것인지, 아니면 중립적인 발언과 행동에 내가 부정적인 의미 부여를 하고 있는 것은 아닌지 말입니다. 상황을 해석하기 애매하다면, 상대방에게 솔직하게 물음으로써 의심을 해소해야 합니다. 만약 상대가 은근히 공격을 하는 것이라면 이런 질문 자체가 상대방의 공격에 대한 방어가 될 수 있습니다. 나와 앙숙인 것도 아닌데 굳이 나를 공격할 사람은 별로 없습니다. 그들도 그들의 삶을 사느라고 바쁘거든요.

화를 내야 할 상황인가

상대가 나를 존중하지 않은 것이 명백하고 내가 상처를 받았다면 화를 내야 합니다. 하지만 이 사건이 화를 내야 할 정도인지 아닌지 잘 판단이 서지 않는다면, 나의 소중한 사람을 떠올려보세요. 내가 소중하게 생각하는 사람이 나와 같은 상황에 처했다면 옆에서 이 친구를 위해 화를 내줄 것인지 아니면 별것 아니니 신경 쓰지 말라고 조언해줄 것인지를 생각해보면 됩니다. 또한 분명 나를 존중하지 않

은 행동을 했지만, 상황상 화를 내기가 매우 어렵거나 잘
못 대응했다가는 더 큰 화를 불러올 것 같다면 부정적인
감정을 해소할 수 있도록 나를 행복하게 할 다른 방법을
찾는 것이 좋습니다. 가만히 참는 것은 최악의 선택입니
다. 다음 그림을 참고하세요.

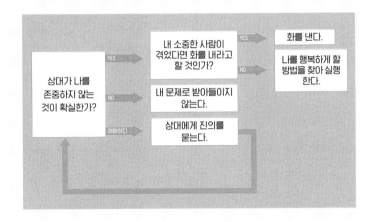

이제 화를 내기 위한 준비운동은 끝났습니다. 성숙하게 화를 낼 수 있도록 스트레스를 없앴고, 화를 내는 데 방해가 되는 비합리적 신념을 변화시켰으며, 이유 없이 화가 나게 하는 과거의 상처 또한 보듬어주었습니다. 우리가 운동하기 전 준비운동을 열심히 하는 것은 본 운동을 할 때 부상을 방지하고 제대로 움직이기 위해서입니다. 지금까지 잘 따라오셨다면, 여러분은 제대로 화내기를 위한 최상의 상태가 되었습니다. 이제부터는 본격적으로 실전에서 사람들과 부딪혀가면서 화내기를 연습하고 실천해봅시다. 쉬운 것부터 단계별로 말이지요. 이 장의 내용을 하나씩 실천해보다 보면, 어느 순간 여러분은 '아까 화냈어야 했는데 화내지 못하고 혼자 속상해만 하던 나'에서 '적절한 시기에 적절한 방식으로 화낼 수 있는 나'로 변화해 있을 것입니다.

나의 의견 밝히기

살면서 제대로 화를 내본 적이 없는 사람은 화내기의 첫 단계부터 막힐 가능성이 높습니다. 오랫동안 안 하던 것을 하려니까 하나부터 열까지 어색하고 불안할 수밖에 없겠지요. 무슨 말을 어떻게 꺼내야 할지도 모르겠고, 내가 의견을 밝힘으로써 지금까지는 평화롭게 넘어갔던 상황이 변하면서 상대와의 갈등이 표면화되기 때문에 큰 압박감을 느끼게 됩니다. 그렇다면 먼저 갈등이 아닌 상황에서 자신의 의견을 밝히는 연습부터 해보면 어떨까요? 이것은 아주 작은 성공을 통해 자신감을 얻기 위해서입니다.

여러분이 화를 제대로 못 내는 사람이라면, 평소에 자신의 의견을 타인에게 밝히는 것도 어려워할 가능성이 높습니다. 그래서 다음 표의 '이렇게 말해보자' 항목에 있는 말들보다는 '이렇게 말하지는 말자' 항목에 있는 말들을 자주 했을 것입니다.

이제부터 '이렇게 말해보자' 항목처럼 말하는 연습을 해보세요. 몇 번 경험해보면, 우리는 자신의 의견을 밝히는 것이 그리 힘든 것도 아니고 큰일이 일어나지도 않는다는 점을 자연스레 알게 됩니다. 그리고 이전에는 타인의 생각과 의견을 먼저 고려했다면, 점차 내 의견과 생각을 먼저 고려하게 될 수 있습니다.

자신에 대한 의견을 말하고 마음의 편안함을 얻게 되면 그다음 단계인 화내기가 조금 더 수월하게 느껴질 것입니다. 이

상황	이렇게 말하지는 말자	이렇게 말해보자
먹고 싶은 것을 고를 때 "어떤 거 먹을까?"	"넌 뭐 먹고 싶어? 네가 먹고 싶은 거 먹자."	"나는 오늘 된장찌개가 먹고 싶어."
약속 시간을 정할 때 "몇 시에 볼까?"	"넌 언제가 편해? 네가 편할 때 보자"	"나는 두 시가 편할 것 같아"
내게 호의를 베풀 때 "A씨, 밖에 나가는 김에 커피 사다 줄까?"	"아, 아니에요. 괜찮아요."	"감사합니다. 저는 따뜻한 아메리카노 부탁드릴게요."
나를 칭찬할 때 "너는 이런 점이 참 대단해."	"아냐, 아냐. 난 이런 것도 못하고 저런 것도 부족해"	"고마워! 너도 이런 부분이 참 대단해."

자그마한 실행을 통해 여러분은 '나도 할 수 있구나' 하는 자기
효능감을 얻을 수 있습니다. 내일 아침부터, 아니 지금 당장 시
작하기 바랍니다.

화의 중요도 설정

베스트셀러 《성공하는 사람들의 7가지 습관》의 저자로 국내에도 잘 알려진 스티븐 코비(Stephen Richards Covey) 박사는 다음과 같은 시간관리 매트릭스를 통해 자기 일의 속성을 파악할 수 있다고 말했습니다.

	긴급도 높음	긴급도 낮음
중요도 높음	1영역 긴급하고 중요한	2영역 긴급하지는 않지만 중요한
중요도 낮음	3영역 긴급하지만 별로 중요하지 않은	4영역 긴급하지도 중요하지도 않은

스티븐 코비 박사에 따르면, 우리는 이 네 영역에 시간을 쓰고 있는데 1영역과 3영역의 일을 시급하게 해결해야 한다고 생각합니다. 그래서 3영역에 해당하는, 중요하지도 않은 일에도 많은 시간을 할애한다는 것입니다. 당연히 우리가 시간을 써서 해야 하는 것은 중요하고도 긴급한, 즉 1영역에 해당하는 일입니다.

화내기의 순서도 이 표를 참고로 정리할 수 있습니다. 우리는 화내기 전문가가 아니고, 이 책을 다 읽은 후에도 화를 제때에 제대로 내는 데에는 어느 정도 시일이 걸릴 것입니다. 그래서 우리는 가장 중요하지 않고 시급하지 않은 일부터 시작하는 것이 좋습니다. 이런 일들은 약간의 실수를 해도 상관없고, 아예 망치더라도 큰 문제가 되지 않을 테니까요. 예를 들어 절친한 친구에게 사소하지만 서운했던 일에 대해 화를 내거나, 적은 돈을 빌려 간 후 감감무소식인 지인에게 화를 내는 것 정도가 될 것입니다. 절친한 친구라면 내 감정을 표현하기에 가장 편안하고 자유로운 대상이므로 덜 불안할 것이고, 돈을 빌려 간 지인에게 화를 낸 결과가 설령 절교라고 해도 그 사람은 나의 핵심 인간관계가 아니므로 더 자유롭게 이야기할 수 있습니다.

이처럼 처음에는 중요하지도 긴급하지도 않은 일들에 대

한 화내기를 통해 자신감을 얻고, 그 다음으로 중요하지 않지만 긴급한 일, 긴급하지 않지만 중요한 일로 차츰 화내기의 영역을 확대한 후에 마지막 단계인 '긴급하고 중요한 일에 화내기' 단계로 진행하는 것이 좋습니다.

	긴급도 높음	긴급도 낮음
중요도 높음	1영역 긴급하고 중요한 - 나를 존중하지 않는 사람의 면전에서 화내기	2영역 긴급하지는 않지만 중요한 - 부모님에게 과거에 상처받았던 부분에 대해서 화내기 - 이성 친구에게 지금까지 참아왔던 문제에 대해 이야기하기
중요도 낮음	3영역 긴급하지만 별로 중요하지 않은 - 지켜야 할 규칙을 매번 지키지 않는 동료나 친구에게 화내기 - 불친절하게 서비스를 하는 직원에게 항의하기	4영역 긴급하지도 중요하지도 않은 - 절친한 친구에게 사소한 문제에 대해 화내기 - 연락이 끊겨도 상관없는 사람에게 갚지 않는 돈에 대해 화내기

* 진한 것에서 약한 순으로 화를 내는 것을 추천합니다.

시나리오 만들기

이제부터 본격적으로 화내기의 초급, 중급, 고급 단계를 살펴보겠습니다. 각각에 대해 먼저 해야 할 작업이 있는데, 바로 '시나리오 만들기'입니다. 이는 화내기의 시작부터 과정, 결과, 그 반응까지 미리 시나리오를 만들어보는 것을 말합니다.

이렇게 시나리오를 만들어보면, 상황이 올 때 준비한 대로 자연스럽게 행동할 수 있고 부정적인 반응에도 의연하게 대처할 수 있어 화를 내는 데 대한 두려움을 감소시킬 수 있습니다. 시나리오는 대개 다음과 같이 만들어집니다.

A라는 상황에서 나는 B라고 행동하며 화를 낼 것이다. 그렇다면 C라는 반응이 올 것이다.

→ 친구가 내 의견을 무시하고 자기 의견만 옳다고 한다면, 나는 상대방의 말에 아무런 반응을 하지 않는 방식으로 화를 낼 것이다. 그렇다면 친구는 멋쩍어서 잘난 척을 멈출 것이다.

기본적으로 시나리오는 위와 같은 형태를 띠는데, 이 시나리오는 꼭 두 개 이상 만들어야 합니다. 그 이유는 상대와의 대화가 생각했던 방향대로 흘러가지 않을 수도 있기 때문입니다. 생각대로 시나리오가 흘러가지 않으면 우리는 당황해서 준비한 대로 행동하지 못하고 목표했던 '제대로 화내기'를 하지 못할 수 있습니다. 이로 인해 두 사람의 관계만 어색해지고, 새로운 시도를 실패로 마감한 자기 자신을 탓하게 될 수도 있습니다. 따라서 우리가 원하는 대로 일이 진행되지 않을 때의 시나리오 역시 만들어봐야 합니다. 그러면 만약 당황스러운 상황이 벌어진다 해도 예상했던 것이기에 목표를 달성할 수 있습니다. 앞의 시나리오에 부정적인 반응의 시나리오를 추가하면 다음과 같습니다.

A라는 상황에서 나는 B라고 행동하며 화를 냈지만 C라는 부정적

인 반응이 나온다면 D라고 말하며 명확하게 내 마음을 전달할 것이다.

→ 친구가 내 의견을 무시하고 자기 의견만 옳다고 한다면, 나는 상대방의 말에 아무런 반응을 하지 않는 방식으로 화를 낼 것이다. 그러나 친구는 내 반응에 오히려 '속 좁게 왜 그러냐'며 화를 낸다. 그때 나는 무엇 때문에 서운했는지 말하며 '속 좁다'는 표현 역시 나를 존중하지 않는 것이라고 이야기한다.

이렇게 추가적인 시나리오까지 만들어놓는다면 상대의 부정적인 반응에도 의연하게 대처할 수 있을 것입니다.

단계별로 화내는 방법

초급 단계_반응 없애기

상황 : 대화 중

준비사항 : 어색함을 버틸 끈기, 기분이 상했다는 표정

필요 시간 : 어느 때보다 더 길게 느껴지는 10초

참고사항 : 비교적 동등한 관계에서 활용할 것. 연속해서 활
용하는 것이 중요.

대화 중에 상대가 나를 존중하지 않는 태도를 보여 화가 났다면, 아주 단순한 방식으로 그 화를 표현할 수 있습니다. 상대가 나를 존중하지 않는 말을 꺼냈을 때, 나의 반응을 상대가 알아챌 정도로 '무(無)'로 만드는 것입니다. 이 방법은 바로 자극에 대한 반응을 없앰으로써 행동의 빈도와 강도를 줄이는 심리학 이론에서 출발합니다.

　어떤 행위에 대해서 긍정적인 반응을 해주면 그 행위의 강도나 빈도는 증가하거나 강화됩니다. 예를 들어 공부를 30분할 때마다 어머니께서 내가 정말 좋아하는 간식을 준다고 한다면, 우리는 간식을 먹기 위해 공부시간을 더 늘리려고 할 것입니다. 반대로 부정적인 반응인 처벌 혹은 무반응을 하면, 그 행동의 빈도와 강도가 약해집니다. 어머니께서 공부를 30분 할 때마다 (몸에는 좋다지만) 도저히 먹기 싫은 한약을 준다고 하거나, 기존에 주던 간식을 주지 않는다면 우리는 공부시간을 줄이려고 할 것입니다.

　여기서는 나를 화나게 하는 상대의 말을 '행위'로 보고, 나의 행동을 '반응'으로 보겠습니다. 지금까지 우리는 상대의 행위에 대해서 어쩌면 긍정적인 반응(상대가 예상 가능하고 때론 원하는 반응)을 해왔는지 모릅니다. 상대의 존중하지 않는 태도에 따른 나의 행동이 상대에게 부정 혹은 무반응이 아니었기에, 상대는 그 행위를 반복하거나 멈추지 않는 것입니다. 일반적으로 사람들은 자신의 행위에 내가 어떻게든 반응할 것이라는 기대를 합니다. 예상이 가능하고 주로 통제가 가능한 범위에서 반응할 것이라고 믿는 것이죠. 예를 들어보겠습니다.

기존의 상황

A : 너는 무슨 그런 쓸데없는 소리를 하냐? 네가 뭘 몰라서 그래.

나 : (내 의견을 중요하게 생각하지 않고 심하게 말해서 화가 남)

아, 그런가…….

A : 그 봐. 딱히 반박할 거리도 없잖아. 그게 아니고 당연히 이렇게 해야지. 아유, 답답아.

나 : (잘난 척까지 하니 짜증이 더 나고 화가 상승한다) 음……. 그래, 뭐, 그렇게 생각할 수도 있겠다…….

반응 없애기 기술

A : 너는 무슨 그런 쓸데없는 소리를 하냐? 네가 뭘 몰라서 그래.

나 : (내 의견을 중요하게 생각하지 않고 심하게 말해서 화가 남)

→ 표정을 알아볼 수 있을 만큼 굳히고, 상대방을 가만히 응시하거나 회피하며, 아무 말도 하지 않음.

→ 이때 어색함을 버티는 것이 핵심으로, 상대가 말을 꺼낼 때까

지 기다려야 한다.

A: (상대가 나의 말에 동의하지 않는다는 것을 파악하고 어색해
진 분위기에 당황) 아…… 아닌가? 그래, 네 생각이 맞을 수도
있지.

나: 그건 넘어가고, 다른 이야기 하자. (다른 이야기로 전환)

주의 사항

A가 눈치가 좀 있는 사람이라면 우리의 기술이 통하지만,
안하무인이거나 오랫동안 자기중심적인 방식으로만 관계
를 맺어온 사람이라면 우리가 예상한 반응이 나오지 않을
수 있습니다. 그런 사람 앞에서 반응 없애기 기술을 보여
줬을 때 또다시 나를 존중하지 않는 발언을 할 수도 있습
니다. 왜 아무 말이 없냐고 다그칠 수도 있고, 삐쳤다고 속
이 좁다는 식으로 공격할 수 있습니다. 이런 경우에는 다
음 단계로 넘어갑니다.

반응 없애기 기술을 카카오톡이나 라인과 같은 메신저에
서 활용하는 것은 추천하지 않습니다. 메신저에서 반응을
하지 않는 것은 상대방에 대한 무언의 항의라기보다는 무
시하는 것처럼 느껴질 수 있기 때문입니다. 이 행위는 상
대가 공격으로 받아들일 수 있고, 그로 인해 부정적인 결

과가 나타날 수 있습니다. 초급 기술의 핵심은 어색한 분위기를 통해 화를 표현하는 것이므로, 읽는 사람에 따라 어떻게 읽힐지 모르는 메신저에서는 사용하지 않는 것이 좋습니다.

팁

만약 상대가 나의 의견을 묻고 존중해주는 행동을 할 때에는 말을 적극적으로 이어가는 것으로 초급 단계를 심화해 적용할 수 있습니다. 상대가 더 잘 깨닫도록 차이를 확실하게 알려주는 것입니다. 상대가 나를 존중하지 않는 발언을 할 때에는 무반응을 보여주다가, 상대가 나의 의견을 묻고 긍정적인 대화를 할 때에는 적극적이고 웃는 표정으로 응대하는 것입니다. 그러다가 만약 상처 주는 말을 하면 다시 무반응으로 돌아가는 것이죠. 이렇게 몇 번 반복하게 되면 상대는 '아 이렇게 말하면 이 친구는 좋아하지 않는구나'라고 깨닫게 될 것입니다.

중급 단계_근본적인 질문하기

상황 : 대화 중

2018년 추석 연휴에는 김영민 서울대 정치외교학부 교수의 〈"추석이란 무엇인가" 되물어라〉라는 글이 사람들로부터 많은 관심을 받았습니다. 인터넷에서는 〈OO란 무엇인가〉로 시작하는 수많은 패러디가 이루어졌고, 김영민 교수의 다른 글까지도 인기를 끌게 되었습니다.

이 글에서 김영민 교수는 친척이 명절을 핑계로 집요하게 당신의 인생에 대해 캐물어온다면, 그들이 평소에 직면하지 않았을 근본적인 질문을 던져보라고 말합니다. 당숙이 "너 언제 취직할 거니"라고 물으면, "곧 하겠죠, 뭐"라고 얼버무리지 말고 "당숙이란 무엇인가"라고 대답하라는 겁니다.

실제로 당숙의 잔소리에 '당숙이란 무엇인가'라고 시작하는 질문을 하기란 쉽지 않겠만, 그 대상이 당숙이 아니라 동등한 위치에 있는 가까운 사람이라면 우리는 김영민 교수의 되묻기 기법을 활용할 수 있습니다. 계속 되묻는 기술은 상대의 말을 듣지 않겠다는 선언임과 동시에, 별다른 조치를 취하지 않고 반격할 수 있는 멋진 방법이라 할 수 있습니다.

기존의 상황

〈카페에서 친구와 대화 중〉

A : 너는 결혼 언제 할 거야? 주위 사람 다 결혼하고, 너도 나이가 이제 꽉 찼는데 언제까지 혼자 살 거야?

나 : (아, 결혼을 꼭 해야 하나? 왜 거기다 나이 공격까지?) 좋은 사람이 딱히 안 보여서……. 때 되면 하겠지, 뭐.

A : 네 주위에 있는 좋은 사람은 이미 다 결혼했어. 네가 눈을 좀 낮춰봐. 좋은 사람을 만나려면 좋은 사람이 먼저 돼야지.

나 : (내가 나쁜 사람이라는 건가?) 응……, 그래. 좀 생각해볼게.

'무엇인가'로 근원적인 질문하기 기술

A : 너는 결혼 언제 할 거야? 주위 사람 다 결혼하고, 너도 나이가 이제 꽉 찼는데 언제까지 혼자 살 거야?

나 : 결혼? 결혼 꼭 해야 하나? 결혼이란 게 도대체 뭘까?

A : 나이 차면 결혼하는 게 순리지. 결혼이야 당연히 오래도록 함께할 좋은 사람을 정하는 거고.

나 : 순리라는 게 뭘까? 그리고 좋은 사람이란 건 뭘까?

A : 아, 순리라는 게…… 꼭 지켜야 하는 건 아니지만 지키는 게 좋

은……? 좋은 사람이야 뭐, 인성부터 시작해서…….

나 : 나이라는 건 뭘까? 인성이란 또 뭘까?

A : 야, 다른 이야기 하자.

팁

이 기술은 상대가 계속 머리를 쓰게 하면서 혼란스럽게 만드는 것이 핵심입니다. 상대는 앞서 '반응 없애기' 기술에서 이야기한 것처럼, 자신의 말에 기대하는 반응이 있었는데 내가 예상과는 달리 근본적인 질문으로 되물으면 당황할 수밖에 없습니다. 상대는 어쨌든 자신만의 어떤 개념을 바탕으로 나에게 질문을 했을 텐데, 만약 그 개념이 명확하지 않으면 장황하게 설명을 해도 설득력이 없습니다.

이 기술을 사용할 때는 상대가 자주 말하지만 정의하기는 어려운 것에 대한 질문이 가장 효과가 좋습니다. 더불어 한 번 해서 알아듣지 못하면 두 번 세 번 하겠다는 의지를 갖고 기술을 실행해야 합니다. 그러면 상대는 나의 의도를 파악하고 더 이상 이 주제에 대해서는 이야기하지 않으려고 할 것입니다. 자신도 정리가 안 된 근본적인 개념에 대해서 이야기하기를 원하는 사람은 없을 테니까요.

중급 단계 2_되묻기

상황 : 대화 중

준비사항 : 기분 나쁜 표정 + 믿을 수 없다는 표정

필요 시간 : 3~5초(한 문장을 이야기하는 데 드는 시간)

참고사항 : 직급이 나보다 조금 높아도 사용 가능. 못 알아듣
으면 상대가 정말 멍청한 것이거나 문제가 고급
단계로 넘어가야 할 만큼 심각한 것임.

《정신과 의사에게 배우는 자존감 대화법》에서 문지현 박
사는 함부로 말하는 사람에게 상처받지 않고 대화하는 방법을
소개합니다. 이것은 초급 단계보다는 조금 더 나아간 방식으로
상대의 발언에 대해서 의문을 제기하는 것을 통해 그 발언에
문제가 있음을 간접적으로 전달합니다.

기존의 상황

A : ○○씨 살 좀 쪄. 애인이 보면 해골이랑 사귀는 줄 알겠어.

나 : 조금씩 더 먹기는 하는데 잘 안 찌더라고요. 운동해야죠, 뭐.

A : 그게 다 의지가 부족해서 그래. 남들 먹을 때 좀 더 신경 써서
조금씩 더 먹으면 돼.

나 : 아, 네……. 알겠습니다.

되묻기 기술

A : ○○ 씨 살 좀 쪄. 애인이 보면 해골이랑 사귀는 줄 알겠어.

나 : (기분 나쁜 표정 + 이런 말을 하다니 믿을 수 없다는 표정)
   네? 방금 뭐라고 하셨죠? 제가 잘못 들은 거 아니죠? 다시 한
   번 말씀해주시겠어요?

A : 아…… 아니야. 그냥 좀 건강 좀 챙겼으면 해서…….

되묻기 기술은 상대로 하여금 자신의 말이 적절하지 않았
음을 깨닫게 하며 불편함을 간접적으로 표현하는 방법입니다.
물론 정말 눈치가 없는 사람이라면, 다시 한 번 말해달라고 했
을 때 정말 그 말을 반복할 수도 있습니다. 이런 사람의 경우에
는 그 사람의 놀라운 능력에 항복하는 수밖에 없겠지요.

팁

수직적인 회사 분위기에서는 이렇게 표현하는 것이 부담
될 수도 있습니다. 사실 되묻기 기술을 활용하기 위해서는
우리가 좀 더 치밀하게 행동할 필요가 있습니다. 모든 영
역에 이 기술을 사용하는 것은 아니라는 점을 주위 사람들

에게 학습시키는 것입니다. 우리가 오직 부당한 표현과 대우에만 그렇게 행동한다는 것을 보여주는 것이 중요합니다. 업무에 있어서는 이기적인 모습을 보여서는 안 되고, 나의 경계를 침해하는 것이 아니라면 동료나 선배의 재미없는 이야기도 잘 들어주어야 합니다. 맘에 들지 않는다고 해서 모든 사람의 행동과 말에 기분 나쁜 표정과 믿을 수 없다는 표정을 짓게 되면 오히려 사람들이 여러분을 가까이하려 하지 않을 것입니다. 다시 한 번 잊지 말아야 할 것은 우리가 원하는 것이 '존중'이라는 점입니다.

이 되묻기 기술은 사람이 많을 때 더 큰 효과를 발휘할 수 있습니다. 이 기술은 일순간에 분위기를 얼어붙게 하는 효과가 있는데, 사람이 많을수록 이 어색함의 에너지는 더 강하게 작용하고, 그로 인해 상대가 더 큰 부담을 갖게 되기 때문입니다.

물론 이 기술에도 위험한 지점이 있기는 합니다. 이 분위기를 깨기 위해 옹호하는 사람이 나올 수 있기 때문입니다. 그 옹호의 대상이 여러분이면 다행이지만 상대가 되면 상황이 조금 불리해질 수 있습니다. 만약 누군가 상대를 옹호한다면 간단하고 단호하게 여러분이 불편한 점을 이야기하고 대화를 마무리하는 것이 좋습니다. 불쾌한 점에 대한 지적 및 반복 차단이라는 목적은 달성했기 때문에 사과를 받거나 모두를 설득하겠다는 욕심은 버리는 것이 현명합니다.

고급 단계_솔직하고 단호하게 전달하기

상황 : 대화 중
준비사항 : 평소에 감정/욕구를 파악하는 연습(예: 감정/욕구 일기 쓰기)
필요 시간 : 30초(정확하게 이야기하는 버릇을 들이면 더욱 빨라짐)
참고사항 : 이렇게까지 이야기했는데 상대가 받아들이지 못한다면 그 상대는 소통이 불가능하다고 판단해도 됨.

화내기의 마지막 단계는 정공법으로, 내 마음을 있는 그대로 전달하는 것입니다. 이는 화가 머리끝까지 난 상태에서 상대에게 욕을 하거나 때리고 싶다는 마음을 전달하라는 것이 아닙니다. 여러분이 무엇 때문에 화가 났는지, 어떤 감정이 상처받았는지를 알리고 재발 방지를 요청하라는 말입니다. 그러기 위해서는 평소에 자신이 어떤 감정과 욕구를 가지고 있는지를 파악하는 연습이 선행되어야 합니다. 내가 어떤 욕구가 좌절되어 어떤 부정적인 감정이 들었는지를 깨닫지 못하면 이 고급 기술을 활용하기 어렵기 때문입니다. '솔직하고 단호하게 전달하기'는 먼저 자신의 감정과 욕구를 파악하고 그것을 솔직하게 표현하는 것이 전부입니다. 그러나 쉽지는 않습니다.

솔직하고 단호하게 전달하기

엄마 : 그냥 평범하게 좀 살아. 돈도 안 되는 일에 시간 낭비하지 말고!

좌절된 나의 욕구와 그로 인한 감정을 살펴본다

- 좌절된 나의 욕구 : 인정, 애정, 신뢰, 자기 존중, 평화

- 그로 인한 나의 감정 : 불편한, 답답한, 슬픈, 서러운, 마음이 아픈, 외로운, 무력한, 부끄러운, 억울한

나　 : 엄마, 나는 엄마가 내가 하는 일에 대해서 존중도 이해도 인정도 해주지 않는다고 느껴져서 답답하고 서럽고 억울하기도 해. 엄마가 내 꿈과 선택을 좀 더 존중해주었으면 좋겠어.

엄마 : 내가 널 이해하지 않으려 한 건 아니야. 내가 보기에 쉬운 길을 놔두고 계속 어려운 길을 걸으려고 하

니까 그렇지.

나   : 그래도 그게 나의 길이니 믿어주세요. 만약에 너무
      힘들고 내 길이 아니라는 생각이 들면 그땐 미련 없
      이 다른 길을 갈게요.

팁

많은 사람들이 자신의 감정과 욕구가 무엇인지 모른 채
로 살아갑니다. 존중받지 못하면서 자라고, 그로 인해 스
스로를 존중하는 경험을 하지 못한 사람은 특히 더 자신
의 감정과 욕구를 파악하는 데 어려움을 겪습니다. 이런
사람들은 심지어 내 감정과 욕구가 타인의 것보다 중요하
다는 것을 잘 인식하지 못합니다. 그래서 타인에게 솔직
하게 표현하고 싶어도 무엇을 어떻게 말해야 할지 모릅니
다. 때문에 먼저 평소에 자신의 감정과 욕구가 무엇인지
를 파악하는 연습이 필요합니다. 이 연습은 '감정/욕구 일
기'를 쓰는 것부터 시작할 수 있으며, 그 일기의 형태는 다
음과 같습니다.

20××. ××. ××
사건1 - 상사로부터 업무와 관련된 꾸지람을 들었다.

감정 : 걱정되는, 무서운, 야속한, 침울한, 지친

욕구 : 지지, 도움, 신뢰, 효능감, 희망

사건2 - 친구와 오랜만에 만나 수다를 떨며 맛있는 음식
을 먹었다.

감정 : 힘이 솟는, 살아 있는, 재밌는, 정을 느끼는

욕구 : 여유, 교감, 우정, 나눔, 소속감

감정/욕구 일기는 하루에 두 가지 이상 주요한 사건을 정한 후 그 사건과 관련한 감정과 욕구를 쓰는 것입니다. 한국비폭력대화센터의 '느낌/욕구 목록'을 검색해 참고하면 도움이 될 것입니다. 혼자 '나는 이런 욕구와 감정을 느꼈어'라고 작성하는 것보다 이 목록에서 더 다양하고 세밀한 감정과 욕구를 확인해 작성하면 좋습니다. 감정/욕구 일기를 써보면 하나의 사건과 관련해 나의 감정과 욕구가 얼마나 많았는지를 느낄 수 있습니다.

이렇게 매일 감정/욕구 일기를 쓰다 보면 평소 자신이 어떤 욕구가 좌절되고 어떤 욕구를 충족시키고 싶어 하는지를 파악할 수 있습니다. 일주일 정도 써보면 자신이 가진 욕구와 감정이 드러나게 될 것입니다. 이를 토대로 가장 시급하게 해결

해야 할 것들을 정할 수 있고, 그것부터 해결하면서 자존감을 높여나갈 수 있습니다.

평소에 이렇게 자신의 감정과 욕구를 파악하는 연습을 해놓으면 화가 나는 상황에서 해야 할 말들이 조금씩 떠오르게 됩니다. 자신이 어떤 욕구가 좌절되었는지를 아는 것은 그것 자체로 화를 제대로 낼 수 있도록 해줍니다. 어떤 사건을 겪으면서 이렇게나 많은 감정과 욕구를 느꼈다면 나를 위해 화를 내지 않을 이유가 없기 때문입니다. 이전이라면 어떤 이유로 화가 나는지, 무엇 때문에 우울한지 명확하지 않아 표현하지 못했다면, 이제는 자신의 감정을 잘 알기 때문에 표현하기도 쉬워집니다.

마셜 로젠버그는 《비폭력대화》에서 상대를 탓한다는 느낌으로 화를 내기보다는 "그렇게 느껴서"라는 말을 사용하라고 권합니다. "내가 화난 건 너 때문이야!", "네가 날 이렇게 만들었어!"라고 말한다면 그것은 곧 싸우자는 것과 다름없습니다. 우리가 화를 내는 진정한 목적은 우리의 마음을 이해시키고 상대방이 변화하기를 바라는 것이므로, 상대방을 탓하는 말보다는 여러분의 느낌을 표현함으로써 마음을 전달하는 것이 좋습니다.

"나는 네 행동(말)이 A라고 생각해서 B라고 느껴져. 그래서 C를 해주었으면 좋겠어."

이런 방식으로 말하는 것이 좋은 이유는 이 말을 들은 상대방에게 A라고 생각하게 할 의도가 없었음을 전달하기 쉽기 때문입니다. "나는 너의 행동이 A라고 생각해서 B라고 느껴져"라고 말하면 상대는 "나도 실은 A라는 의도는 없었어"라고 사과하기가 쉽습니다. 상대 역시 싸우면서 대화를 마무리하고 싶은 마음은 없고 좋은 관계가 되기를 희망할 것이기 때문입니다.

제대로 화내는 꿀팁

앞서 우리는 화를 내야 하는 가장 중요한 이유 중 하나가 바로 '자존감을 향상시키기 위해'라는 이야기를 했습니다. 그러기 위해 부모님께 화내는 과정이 필요하다고도 했죠. 그러나 고생하며 나를 키운 부모님께 화를 내는 것은 뭔가 죄스러운 느낌이 들어 더 어렵게 느껴질 수 있습니다. 이때 화내기 과정의 순서를 조금 바꾸면 더 부드럽게 목적을 달성할 수 있습니다.

어떤 부모님이나 자식을 키울 때는 실수도 하고 힘든 점도 많습니다. 부모님도 부모 역할을 하는 것은 처음이니까요. 그 점을 먼저 언급하면서 부모님의 마음을 열게 하는 것이 이 전략의 핵심입니다.

다짜고짜 "나는 이런 점이 서운했어!"라고 말한다면 부모님은 십중팔구 방어적인 태도를 보일 것입니다. 갑자기 공격당하는 것 같을 테니까요. 그러나 과거를 서로 이해하고자 한다는 의도로 대화를 이끌어가면 여러분의 말을 긍정적으로 받아들일 수 있습니다.

나 : 엄마, 저 키울 때 참 힘들었죠? 넉넉하지 않은 집안 형편 때문에 더 힘들었을 거 같아요.

엄마 : 그랬지. 혼자서 너 키우느라고 밥도 제대로 못 먹고 아픈데 병원도 못 갔잖아.

나 : 엄마, 고생 많으셨어요. 다는 이해 못 해도 어느 정도 짐작은 가요.

엄마 : 이해해주니 고맙네.

나 : 엄마, 하지만 그때 난 행복하지만은 않았어요. 엄마는 저 키우느라 모르셨겠지만 그때 저는 이런 게 참 슬펐어요.

(이때 갑자기 화를 내서 많이 무서웠어요.)

(전 이런 아이였는데, 엄마가 그렇게 대해서 많이 불안했어요.)

엄마 : 그랬구나. 그땐 나도 스트레스를 많이 받고 있어서 몰랐어. 미안하다.

나 : 엄마를 비난하고 싶은 게 아니라 엄마가 이해해주길 바랐어요.

이상적인 대화의 흐름은 이렇게 진행될 것입니다. 그러나 부모님의 성향에 따라 어려움이 있을 수도 있습니다. 어느 정도 솔직하게 대화하려는 마음의 준비가 되어 있어야만 이런 대화가 가능할 테니까요. 부모님이 자신의 상처도 많고 실수한 것을 인정하는 것이 죽기보다 싫은 분들이라면 아마도 큰 저항이 있을 것입니다. 그래도 이야기를 이끌어가는 것은 가치 있는 일입니다. 결국 부모님께 이해를 받거나 사과를 받지 못하더라도 자신의 마음을 부모님께 전달했다는 것 자체에 큰 의미가 있습니다. 화내기를 통해 나는 원래 부족한 사람이 아니었음을 상기시키고, 앞으로 부모님의 기준과는 다르게 살 것임을 선포한 것이기 때문입니다.

이때 환경을 바꾸는 노력도 도움이 됩니다. 매일 잔소리를 하고 그것에 반항하던 공간, 즉 집에서 대화가 이루어지면 진솔한 이야기를 하기 어려울 수 있습니다. 시작도 어렵고, 막상 대화를 시작하더라도 기존의 흐름대로 흘러가기 쉽지요. 이때 여행이나 산책 등 지금까지와는 다른 장소에서 대화를 시도하는 것도 도움이 됩니다. 부모님도 새로운 공간에서는 마음을 열고 들어줄 가능성이 큽니다.

화내기에 늦은 때란 없다

앞서 설명한 화내기 기술들은 부당한 상황을 만났을 때 곧바로 반응하는 방법이라고 할 수 있습니다. 만약 적당한

때를 놓쳤다면요? 나중에라도 서운한 감정이나 슬펐던 감정을 전달하는 것이 좋습니다. 그 사람과의 관계를 계속 이어가고 싶고, 더 나은 관계를 만들고 싶다면 지금이라도 나의 감정과 욕구를 표현해야 합니다.

다 지나간 일을 꺼내기가 좀 꺼려질 수 있습니다. 그러나 그 일이 아직 내 마음에 남았다면 이미 지나간 일이 아닙니다. 내 생각을 전달하는 것 역시 전혀 부끄러운 일이 아닙니다. "최근에 이런 책을 읽었는데, 좋은 관계를 유지하려면 서운하거나 화난 감정은 꼭 전달하고 이해받으라는 말이 있었어"나 "내가 요즘 상담을 받는데, 이렇게 해보는 게 좋다고 하더라"로 시작하는 것도 좋은 방법입니다. 그리고 대화를 시작하기에 앞서 이 대화가 '너와의 관계를 잘 이어가고 싶기 때문'임을 밝히는 것이 중요합니다.

시간이 지난 후에 화를 낼 때에는 공격적이거나 비꼬는 말투보다는 자신이 화가 난 이유를 차분하게 설명하는 것이 좋습니다. 만약 말로 하기 어렵다면 이메일이나 편지 같은 수단을 활용하는 것도 도움이 됩니다. 중요한 것은 자신이 화가 났다는 사실을 전달하는 것입니다. 이렇게 화를 내고 나면 마음속에 맺혀 있던 것들이 사라지며 후련한 기분이 들 것입니다. 만약 상대가 나의 말을 이해하지 못하거나 받아들이지 못하더라도 상황은 이전보다는 훨씬 나아져 있을 것입니다. 참기만 했던 과거의 나에서 벗어나 표현을 하게 되었고, 상대방이 소통이 불가능한 사람임을 알게 되었기 때문입니다.

불안의 불씨를 없애기

우리는 개인보다 조직을 더 중요시하는 사회 문화를 가지고 있습니다. 이런 문화에서는 화를 낸 후 상대방이 여러분을 지속적으로 불편하게 만들 수도 있습니다. 이는 화내기를 주저하게 만드는 큰 요소 중 하나입니다. 그러나 그렇다고 해서 화를 참으면 나쁜 상황이 이어질 뿐입니다.

상대의 보복 가능성에 대한 불안을 해소하기 위해서는 화를 낸 후 상대에게 다시 다가가야 합니다. 즉, 내가 화를 낸 것은 나를 존중해주지 않았던 말과 행동 때문이었지 상대방 자체가 싫거나 이 관계를 끊기 위함이 아니었음을 전달하는 것입니다. 상대와 진솔한 마음으로 이런 이야기를 나누어봅시다. 이때 상대의 열등감을 치유한다는 느낌으로 접근해도 좋습니다.

상대방이 나를 공격한 것은 여러 이유가 있겠지만 분명 일종의 열등감도 그 원인일 수 있습니다. 이를테면 상사인 자신을 충분히 존중하지 않았다고 생각할 수도 있고, 상대적으로 낮은 '학벌' 같은 것 때문에 열등감을 느꼈던 것일 수도 있습니다. 이 부분에 대해 상대방이 원하는 존중을 해주면 됩니다. "선배, 내가 선배를 얼마나 부러워하는지 알아요?"라거나 "A씨는 정말 똑똑한 것 같아요. 저는 그 문제를 처리하는 것 보고 깜짝 놀랐잖아요"라는 식으로 칭찬을 해주는 것입니다. 또한 그렇게 화를 낸 것에 대해서 당황했냐고 물으며 혹시 상처를 받았다면 미안하다고 전달해도 좋습니다.

물론 그렇더라도 그 당시에는 이런 점 때문에 나 역시 상처를 받았고 앞으로는 이렇게 해주었으면 한다는 이야기는 꼭 해야 합니다. 상대가 '아, 이런 것 때문에 상처를 받았구나' 그리고 '이것만 신경 써주면 우리의 관계가 괜찮다는 거구나'를 이해하게 하는 것이 핵심입니다.

그래도 흔들린다면

불안이란 특정한 대상이 없이 막연히 나타나는 불쾌한 정서적 상태이며, 안도감이나 확신이 상실된 심리 상태를 가리킵니다. 불안은 그것을 일으키는 존재의 실체를 파악하기 전, 그러니까 무엇인지는 모르겠지만 부정적인 사건이 일어날지도 모른다는 생각에서 비롯합니다. 실체를 모르기에 그 부정적인 사건이 얼마나 큰 해를 입힐지 정확히 알 수 없으며, 실제로 사건이 일어나더라도 정말 부정적인 영향을 미칠 것인지 아닌지조차 알 수 없습니다. 불안은 모든 것이 불확실한 상태에서 불쾌한 감정을 느끼는 것인데, 이를 해소하기 위해서는 불안의 실체를 확인하는 것이 필요합니다.

공포영화는 관객에게 끊임없이 불안과 두려움을 불러일으키는 것을 목적으로 합니다. 전형적인 공포영화의 한 장면을 생각해볼까요? 긴장을 고조시키는 배경음악과 함께 무언가 다가오는 소리가 들려옵니다. 살인마나 악마, 혹은 그 밖의 나쁜 존재가 위협하는 것처럼요. 그런데 확인해보니 고양이나 쥐나 지나간 것으로, 주인공은 안도의 한숨을 내쉽니다.

화를 낸 이후에 가지게 되는 불안도 마찬가지입니다. 상대의 화난 표정, 공격적인 반응, 이후 나에 대한 평가, 관계의 단절 등 모든 부정적인 가능성을 점쳐보며 두려워하지만, 정말로 그런 일이 일어날지는 알 수 없습니다. 오히려 상대는 예상보다 평온하게 반응할 수도 있습니다. "아, 몰랐네. 미안해. 앞으로는 안 그럴게"라면서 말이죠.

3부 이제는 나도 '화'낼 수 있다

설령 상대가 부정적인 반응을 보이더라도 괜찮습니다. 적
어도 나는 더 이상 당하고만 있는 사람이 아니라는 것을
보여주었고, 재발 방지를 요구했습니다. 이후 상대가 그것
을 지키지 않는다면 그것은 그의 잘못이며, 나도 더 이상
상대를 존중해주지 않아도 됩니다.

한 번만 성공하면 된다

여러분의 화내기는 여러 번은 필요 없습니다. 딱 한 번만
성공하면 됩니다. 그 이후에는 자신감이 붙을 것입니다.
새로운 시도에 대한 불안감이 크기 때문에 시도하지 않는
것이고, 시도하지 않으면 성공의 경험을 갖기 어렵습니다.
인간이 변화하는 계기는 상황이 바뀌거나 자신의 생각을
바꿀 만한 경험을 할 때입니다.

화내기도 마찬가지입니다. 한 번만 성공 경험을 하면 스
스로를 보호할 수 있다는 자신감을 갖게 되고, 더불어 자
신을 지키는 것이 어떤 효과를 불러오는지도 깨닫게 됩니
다. 그 이후에는 화를 내는 것이 조금 더 수월해지고, 자
신을 보호하고자 하는 의지 또한 강해집니다. 나를 아프게
한 상대에게 직접적으로 화를 내는 대신 책을 읽거나 강의
를 듣는 것으로 이 성공의 경험을 뒤로 미루지 말기를 바

랍니다. 그 어떤 책이나 강의보다 여러분을 확실히 변화시킬 수 있는 것은 단 한 번의 경험입니다.

모욕당한 순간이 머릿속에서
떠나지 않아요

우리는 누구나 살면서 한두 번은 이런 경험을 합니다. 지금 생각하니 너무나 화가 나지만 당시에는 화를 낼 수 없었고, 그때의 모욕적인 경험이 계속 떠오르는 것이죠. 이를 '반추사고'라고 합니다. 되새김질하는 소처럼 당시의 모욕적인 경험을 기억에서 꺼내 반복해서 생각하는 것입니다. 반추사고를 하면 당시에 느꼈던 무력감과 분노가 함께 떠오르고, 그때 제대로 화내지 못한 것에 대해 지금의 나에게도 화를 내게 됩니다. 임상심리학자 가이 윈치(Guy Winch) 박사는 《아프지 않다는 거짓말》에서 반추사고를 치유하기 위한 세 가지 방법을 소개합니다.

관점 바꾸기

관점 바꾸기는 그때의 경험을 1인칭이 아닌 3인칭으로 바꾸어 떠올리는 것을 말합니다. 즉, 기억 속의 나와 그 사람을 동시에 제삼자로서 바라보는 것입니다. 우리가 과거의 경험을 1인칭으로 기억하면, 내 앞에 있는 상대의 무시하는 듯한 혹은 겁을 주는 표정과 말투, 표현 등이 떠올라 모욕감과 분노를 느끼게 됩니다. 하지만 3인칭으로 바라보면 그 사건을 좀 더 객관적으로 볼 수 있어 부정적인 감정에서 조금씩 멀어질 수 있습니다.

주의 돌리기

주의 돌리기는 말 그대로 다른 관심사로 주의를 돌리는 기술입니다. 일반적으로 우리는 부정적인 생각을 억제하려고 노력하지만, 여러 실험에서 밝혀진 바에 따르면 우리가 특정 생각을 억제하려하면 할수록 그 생각을 더 떨쳐버리기 어렵습니다. 흰곰에 대한 생각을 하지 않으려 노력할수록 흰곰을 더 떠올리게 되는 것처럼 말이죠. 그래서 흰곰을 생각하지 않는 데 집중하는 것이 아니라 지금 내게 중요한 것이 무엇인가에 집중하는 것이 좋습니다.

저는 이 기술을 헤어진 여자친구를 잊는 데 활용하곤 했습니다. 뭔가 생각하고 싶지 않은 기억이 떠오르면 다음 단계로 넘어가면 됩니다. 첫째, 인정하기입니다. "아, 생각이 났구나" 하며 짧게 인정하는 것입니다. 둘째, 주의 돌리기입니다. "오늘 내가 해야 할 일이 뭐였지?"라고 스스로에게 묻는 식으로 주의를 딴 곳으로 돌리는 것입니다. 셋째, 해야 할 일 혹은 하고 싶은 일을 하는 것입니다.

원치 박사에 따르면, 주의를 돌려 몰입할 수 있는 일의 목록을 적어보는 것이 좋다고 합니다. 그것은 운동이 될 수도 있고, 게임이 될 수도 있고, 영화를 보는 것이 될 수도 있겠지요. 이 목록을 적어둔 후 반추사고가 발동할 때마다 이 목록을 살펴보는 습관을 들이면, 안 좋은 생각이 떠올랐을 때 목록 중 하나를 골라 빠르게 그 생각에서 벗어날 수 있습니다. 휴대전화 배경화면이나 대기화면에 이 목록을 찍어놓은 사진을 넣으면 도움이 될 것입니다.

분노 재구성하기

원치 박사는 또 이렇게 말했습니다. "이성이 최고의 무기다." 저도 이 말에 동의합니다. 분노 역시 이성으로 해체할 수 있습니다. 우리는 화가 났을 당시의 경험을 하나의 관점으로

만 해석하곤 합니다. 그것이 나에게 매우 자명하기 때문이죠. 상대는 나를 모욕했고, 나는 대응하지 못했고, 그것은 매우 슬프고 화나는 일이라는 것은 다른 식으로 해석할 여지가 없습니다. 그러나 우리는 이성을 통해 이 사실에서 다른 부분들을 발견하기 위해 노력해야 합니다. 이를 위해서는 크게 네 가지 관점에서 사건을 해석하는 방법을 활용하면 도움이 됩니다.

좋은 의도를 찾자

거의 찾기 어려운 것이 사실이지만, 적어도 이 사람이 나에게 그런 행동을 한 이유가 나에게 상처를 주려는 의도는 아니었다고 생각을 전환해야 합니다. 나를 모욕한 사람이 당시 여러 가지 일로 인해 이미 화가 나 있었다거나, 자신의 부족함이 드러날까봐 공격을 선택했다거나 하는 다른 의도가 있을 수 있습니다. 때로는 정말 선한 의도가 있었으나 그 방법이 잘못된 경우도 있기 때문에 의도를 다르게 해석할 여지가 있는지 생각해보는 것은 매우 중요합니다.

기회를 찾자

이때의 경험을 내 삶을 변화시킬 기회로 삼는 것도 방법입니다. 만약 이런 모욕을 견뎌야 하는 곳이 직장이라면 이를 이

직의 계기로 만들 수 있고, 모욕을 한 사람이 친구라면 이 친구와의 관계를 마무리하는 기회로 삼을 수도 있겠지요. 혹은 나의 위치나 상황 때문에 이런 끔찍한 경험을 했다면, 나를 변화시키는 원동력으로 만드는 것도 좋습니다. 앞서 밝혔듯이 우리는 분노에서 에너지를 얻을 수 있으니까요.

배움의 순간을 환영하라

이런 경험을 하게 된 원인과 결과에서 배울 수 있는 것들을 찾아봅시다. 앞으로 이런 상황에 처하지 않도록 피한다거나 이런 사람을 미리 거르는 방법을 배울 수도 있습니다. 또 자신의 업무에서 이와 같은 경험들이 반복되고 있다면 직무를 변경해야 하는 것은 아닌지 고민이 필요하겠지요. 의사소통 기술이 부족해서 문제가 생긴 것이라면, 이번 기회에 이를 향상시킬 수 있는 방법을 찾으면 됩니다.

상대를 신의 가호가 필요한 사람으로 바라보자

쉽게 말하면 그를 불쌍히 여기는 것입니다. 상대에 대한 분노를 '에휴, 불쌍한 사람. 당신의 앞날에 축복이 있기를……'과 같은 생각으로 전환하는 것이지요.

240

엉뚱한 사람에게 화를 내고 말았어요

화를 제대로 내지 못하는 사람은 그 화를 엉뚱한 대상에게 잘못 내는 경우가 종종 있습니다. 특히 화를 내도 비교적 안전하다고 여겨지는 대상인 친구, 연인, 가족에게 잘못된 화를 내고 나면 또 다른 문제가 발생합니다. 상대는 갑작스러운 나의 화에 크게 당황하거나 상처를 입고, 심한 경우 관계의 단절을 선언하기도 합니다. 그러면 당연하게도 그 결과를 만들어낸 스스로에게 또 화가 나기 시작합니다.

화를 엉뚱한 사람에게 너무 심하게 냈을 때 우리가 갖게 되는 감정은 바로 '죄책감'입니다. 그렇다면 이 죄책감을 어떻게 해결해야 할까요? 나다니엘 브랜든(Nathaniel Branden)은 《자존감의 여섯 기둥》에서 죄책감에서 벗어나기 위한 5단계를 제안했습니다. 이것들을 하나씩 화와 연결시켜 살펴보겠습니다.

회사에서 안 좋은 일로 스트레스가 쌓여 있는데, 저녁에 집에서 쉬고 있는 나에게 평소처럼 장난을 친 동생에게 갑자기 심하게 화를 낸 상황을 가정해보겠습니다.

1단계

죄책감을 일으키는 그 행동을 한 사람이 바로 '나'라는 사실을 인정한다. 자신이 한 행동의 실상 전부를 부정하거나 회피하지 않고, 직시하고 받아들여야 한다. 내 책임이며, 내가 인정하고 떠안아야 하는 일이다.

어떤 문제든 해결은 항상 그것을 인정하는 데에서 출발합니다. 조금이라도 이 문제의 책임을 회피하거나 일부분만 인정한다면 죄책감 역시 일부만 해결될 뿐입니다. 물론 쉽지 않습니다. 상대가 상처를 심하게 받았다면, 그 일을 내가 저질렀다는 것을 더더욱 인정하기가 어려울 것입니다. 그러나 이때 내가 조금이라도 상대의 귀책을 따지게 되면 상대의 상처는 회복되지 않고 나의 죄책감 역시 완전히 해소되지 않습니다. 예를 들어 "그러니까 네가 상황을 봐가면서 행동해야지, 왜 나를 짜증 나게 만들어"와 같은 말은 절대로 해서는 안 됩니다.

2단계

내가 왜 그런 일을 했는지 동기를 이해하려고 애써야 한다. 연민을 품고 이 일을 행하되, 상황을 모면하는 변명은 안 된다.

스스로를 객관적으로 살펴봐야 합니다. 왜 스트레스가 그렇게 쌓였는지, 왜 다른 사람에게 화를 냈는지, 왜 그렇게까지 심하게 화를 냈는지 등을 생각해봅니다. 그러고 나서 그렇게 행동한 나를 이해해주는 것이 필요합니다.

나는 오랫동안 과중한 업무와 상사의 불합리한 업무 지시로 스트레스가 많이 쌓여 있었지만, 그것을 회사 동료나 상사에게 표출할 수 없었습니다. 그런데 마침 동생이 (장난이었지만) 나를 살짝 무시하는 것처럼 말을 하자, 쌓인 것들이 한꺼번에 폭발한 것입니다. 다만 여기서도 변명을 해서는 안 됩니다. 상황을 모면하려는 핑계가 아니라 "그래, 그런 것들이 영향을 미쳐서 내가 동생에게 심하게 화를 낸 거야"라고 솔직하게 인정하는 것이 필요합니다.

3단계

다른 사람이 관련되어 있다면 내가 피해를 준 사람이 누구
인지 분명하게 확인한다. 내가 스스로 한 행동의 결과를
인지했음을 알리고, 그들에게 피해를 입힌 사실을 인정한
다. 그들이 느끼는 감정을 이해한다는 것도 전달한다.

피해자를 분명하게 확인하는 것은 죄책감에서 벗어나기
위해서 꼭 필요한 일입니다. 사실 누군가가 피해를 입기는 했
으나 그 피해가 그리 크지 않을 거라고 생각해 애써 무시하는
것은 내가 갖고 있는 죄책감에서 온전히 벗어나는 데 오히려
방해가 됩니다. 상대에게 내 행동의 문제점을 분명히 인식했음
을 알리고, 나의 잘못과 동시에 피해를 입힌 사실도 인정해야
합니다. 예를 들어 동생에게 "내가 회사에서 겪은 스트레스를,
가족이라는 이유로 편하게 생각해서 너에게 화를 내면서 풀었
어. 네가 깜짝 놀라고, 분명 상처가 되었을 거라 생각해"라고
스스로의 잘못을 이야기하는 것이죠.

4단계

내 행동이 초래한 피해를 바로잡거나 최소화할 수 있는 모
든 조치를 취한다.

너무 늦었다는, 말하기 어색하다는 핑계는 버리고, 할 수 있는 것들에 최선을 다해야 합니다. '그래, 너 할 만큼 했어', '이제 이 문제에서 벗어나도 돼'라고 생각될 정도로 열심히 노력하는 것이 필요합니다. 예를 들어 동생에게 진심으로 사과를 하고, 상처를 입은 동생에게 보상할 방법을 물어봐야 합니다. 여기서 중요한 것은 3단계를 건너뛰고 4단계만 해서는 안 된다는 점입니다. 보상보다 중요한 것은 나의 잘못이 무엇인지, 상대에게 어떤 피해를 입혔는지 정확하게 알고 반성하는 것입니다.

5단계
　앞으로는 다르게 행동하겠다고 스스로에게 굳게 약속한다.

　우리는 인생을 살며 크고 작은 실수들을 합니다. 여러 상황이 겹치고 스트레스가 쌓이면 평소라면 하지 않을 행동을 하기도 합니다. 중요한 것은 다시는 그와 같은 일을 반복하지 않겠다고 결심하는 것입니다. 이에 더해 이 사건을 계기로 내가 처한 상황을 돌아보고 어떻게 개선할 수 있을지를 생각해보는 것이 필요합니다.
　'그래, 나는 회사에서 생긴 화를 적절하게 해소하지 못했어, 늘 참는 것만이 미덕이라고 생각했지만 그게 아닌 것 같아.

조금씩이라도 할 말을 해보자. 상대에게 나의 솔직한 심정을 전달하자. 상대가 사이코패스나 인간성이 없는 기계가 아니라면 조금은 양해해주겠지. 화를 소중한 사람들에게 풀지 않도록 하자. 그들이 나로 인해 상처받을 이유는 없으니까. 노래방에 가서 소리라도 지르고, 공원에서 달리기라도 하면서 스트레스를 해소해보자.'

화를 주체하지 못하는 이성친구,
어떡해야 할까요?

자신이 화를 잘 내지 못하는 사람이라면 감정 표현이 확실하고
화끈한 사람에게 매력을 느낄 수 있습니다. 부당함에 시원하게
화를 내는 사람이 멋있어 보일 수 있지요. 그러나 이것은 오히
려 자신을 파멸로 이끌어가는 선택일 수 있습니다. 그 화가 자
칫하면 나를 향할 수도 있기 때문이죠.

　만약 이런 경우라면 저는 일단 상대를 피하라고 말씀드리
고 싶습니다. 화를 주체하지 못하는 사람은 이미 오랫동안 화
를 강하게 내는 방식으로 많은 문제를 해결해왔을 가능성이 큽
니다. 소리를 지르고 강렬한 표현을 하는 사람은 뇌가 계속 그

방향으로 활성화되어서 더 자주 그 행동을 반복할 가능성이 있습니다. 또한 한번 화를 냈는데 본인이 원하는 대로 되지 않으면 더 큰 화를 낼 가능성이 큽니다. 갈등 해결에 확실한 효과를 본 방법이 그것밖에 없기 때문입니다.

지금은 사랑이라는 이름으로 드러내지 않고 있을지라도 헤어지려는 순간이 오면, 상대는 지금껏 문제를 해결했던 그 방식인 강렬한 화내기를 실행할 수 있습니다. 이는 정서적인 상해뿐 아니라 물리적인 상해로까지 이어질 수도 있지요.

상대가 사소한 문제에 대해서 상식적인 수준보다 더 강하게 화를 낸 적이 있나요? 아마도 그때는 큰 문제가 아니거나 성격이 좀 화통한 편이라는 생각에, 혹은 자신에게도 잘못이 있다는 생각에 넘어갔을 수도 있습니다. 그러나 그것을 사소한 문제로 치부해서는 안 됩니다. 많은 커플의 파국도 이런 문제를 사소하게 여기고 넘어가는 데서 발전했으니까요. 혹시 내가 노력하면 상대가 변할 수도 있다는 생각을 할 수도 있습니다. 그러나 여러분이 그 사람을 변화시키는 데에는 분명 한계가 있습니다. 여러분은 전문가가 아니고, 스스로 이 문제에 대한 문제의식이 없는 상대는 자신을 바꾸려고 하는 것에 화를 내며 거부할 수 있기 때문입니다.

화난 사람의 마음은
어떻게 풀어줘야 할까요?

이 책을 읽는 당신은 본래 화를 참는 쪽에 가까워서 화를 풀어주는 입장이었던 적이 많을 것입니다. 화를 내고 있는 사람이 왜 화를 내는지를 알게 된다면, 우리는 상대의 화를 어느 정도 가라앉힐 수 있습니다.

앞서 살펴보았듯 우리는 고통스러운 감정과 감각, 좌절된 추동 및 위협에서 오는 스트레스를 해소하기 위한 방법으로 화를 냅니다. 상대가 화를 내고 있다면 숨겨진 무언가가 있다는 말입니다. 만약 상대가 화내는 이유가 불안 때문이라면 "잘못했어. 미안해"라고 말할 게 아니라, "네가 많이 불안했구나. 불

안해하지 않아도 돼. 걱정하는 일은 일어나지 않을 거야"라고
토닥여줘야 합니다.

　물론 쉬운 일은 아닙니다. 왜냐하면 상대는 화를 내면서
도 무엇 때문에 화가 났는지 명확하게 알지 못할 수 있고, 그
것을 상대에게 밝히기엔 부끄러워서 숨길 수도 있기 때문입니
다. 그래서 우리는 일단 화가 조금 진정될 때까지 기다려야 합
니다. 천천히 그리고 따뜻한 마음으로 이유를 물어보도록 합시
다. "네가 나에게 화가 났다면 혹시 그 이유를 알 수 있을까?",
"생각이 정리되면 알려줘"라고 말할 수 있습니다. 그리고 상대
가 진심을 표현하기 시작하면 인내심을 갖고 끝까지 들은 후에
할 수 있는 행동을 합시다. 상대가 불안해한다면 안정감을, 무
가치하다고 느끼고 있다면 가치 있음을 느끼게 해줘야 합니다.
그것이 상대를 인정하고 존중하는 방법입니다.

　만약 상대의 화를 풀어주기 위해 진심을 묻고 용서를 구하
며 기다렸음에도 상대가 자신의 이야기를 하지 않는다면, 더
이상 상대를 위해 애쓰는 것을 멈추시기 바랍니다. 이때 상대
가 화를 풀지 않는 이유는 나의 노력이 부족해서가 아니라 마
음의 문을 열고 싶지 않은 것이며, 관계를 성숙하게 이어나갈
의지가 없기 때문입니다.

사소한 일에도 화가 나는 나,
분노조절장애일까요?

일반적으로 사람들은 사소한 문제에도 갑자기 화를 내거나 너무 심하게 화를 내는 사람을 '분노조절장애'라고 말합니다. 분노조절장애는 '간헐적 폭발장애'가 정식 명칭으로, '공격적 충동이 파괴적 행동으로 지속해서 나타나는 증상'을 말합니다. 뇌 변연계(감정을 다스리는 영역)와 전전두엽(이성을 담당하는 영역)의 연결이 약해져 이성이 감정을 조절하지 못할 때 생기는 것으로, 주로 어린 시절의 불안한 환경(부모의 다툼, 학대, 무시의 경험)이 그 원인입니다.

아마도 이 책을 보는 독자 여러분이 간헐적 폭발장애인 경우는 별로 없을 것입니다. 만약 그런 성향이 있다면 화를 내는 법에 대한 책이 아니라 화를 조절하는 법에 대한 책을 읽고 있겠죠? 미국정신의학협회에서 출간하는 〈정신 장애 진단 및 통계 편람(Diagnostic and Statistical Manual of Mental Disorders, DSM)〉에서 나온 간헐적 폭발장애의 진단 기준은 다음과 같습니다.

1. 재산 손괴나 신체 손상을 동반하지 않은 신체 폭력 또는 언어 폭력이 최근 3개월 기간 동안 1주일에 2일 이상 발생했다.
2. 재산 손괴나 신체 손상을 동반하는 감정 폭발이 1년 이내에 3번 이상 발생했다.
3. 공격성 및 감정 폭발의 정도가 계기가 되는 심리적 상황이나 스트레스의 정도에 비례하지 않는다.
4. 공격성 및 감정 폭발이 계획된 것이 아니고 계획이나 목적 없이 일어난다.
5. 공격성 및 감정 폭발로 경제적·법적 문제를 겪는다.
6. 환자의 나이가 최소 만 6세 이상이다.
7. 이런 증상이 다른 정신장애나 일반적인 의학적 상태로 인해 나타나는 것이 아니다.

보통 사람이라면 일하다가 아무도 안 볼 때 가벼운 욕설과 함께 책상을 가끔 내리칠 수 있지만 1주일에 두 번씩 치지는 않을 것이고, 1년에 세 번 이상 누군가를 때리거나 스스로를 상처 입히지는 않을 것입니다.

　　누군가 나에게 심한 피해를 주었다면 화가 나는 것이 당연합니다. 그러나 피해를 입은 것에 비해 화를 내는 정도가 심하다면 간헐적 폭발장애에 해당할 수 있습니다. 간혹 반말을 했다는 이유로, 쳐다봤다는 이유로 지나치게 분노하고 폭력을 저지르는 사람들에 대한 뉴스를 보신 적이 있으실 것입니다. 이 경우가 간헐적 폭발장애입니다.

　　간헐적 폭발장애는 사람에 따라, 직급에 따라, 상황에 따라 화를 조절하는 것이 불가능합니다. 심각한 갑질로 한동안 뉴스에 오르내렸던 재벌가 사모님의 경우 법원에 간헐적 폭발장애 진단서를 제출했다고 하는데, 특정 상황(격식을 차려야 하는 대외활동이나 포토라인)에서는 다소 불쾌한 질문을 들어도 화를 내지 않는 것을 보면 간헐적 폭발장애에 해당한다고 할 수 없을 것입니다.

　　간혹 사소한 것에 화가 불쑥 날 수 있지만 그것은 최근에 스트레스가 상당히 많이 쌓였음을 보여주는 신호 정도로 이해하면 됩니다. 늘 그래왔던 것도 아니고, 큰 문제를 일으킨 것도 아니라면 괜찮습니다. 신호가 나타났으니 이제 중요하게 그것을 인식하고 스트레스를 해소하거나 화를 적절히 내는 데 집중해야 합니다.

아이에게 화를 냈어요.
난 나쁜 엄마일까요?

아무것도 모르는 아이에게 화를 냈다고 해서 그것이 꼭 나쁜 엄마임을 증명하는 것이 아닙니다. 화를 냈다고 해서 아이를 사랑하지 않는 것도 아니죠. 앞서 살펴보았듯이 사람이라면 화가 나는 것도, 화를 내는 것도 당연합니다. 아이의 잘못이 아닌데도 아무런 힘이 없는 아이에게 지나치게 자주 화를 낸다면 문제가 있지만요.

좋은 엄마는 모든 부정적인 감정을 통제하고 좋은 모습만을 보여주는 완벽한 엄마가 아니라 아이에게 인간적인 모습을 보여주는 엄마입니다. 다시 말해 희로애락을 표현하면서도 충분히 사랑해주는 모습을 보여주는 엄마가 좋은 엄마라고 할 수 있지요. 화에 대한 부정적인 생각 때문에 화를 참는다고 해도 아이가 그것을 전혀 모르지는 않습니다. 그 감정은 어떻게든 표현될 것이기 때문입니다. 화가 많이 쌓였음에도 화를 내지 않으면 그 화가 다른 사람을 향하게 되는데, 예를 들어 남편으로 향하면 부부싸움이 됩니다. 이를 본 아이가 좋은 영향을 받지는 않을 것은 당연합니다.

아이에게 좋은 엄마가 되고자 한다면, 화를 표현하되 일관적이고 적절한 방식으로 내야 합니다. "엄마는 이러이러해서 슬펐고, 화가 났어. 네가 이렇게 해주길 바라"라는 구체적인 표현과 함께 "네가 만약 그것을 따라주지 않더라도 나는 너를 사랑할 거야"라는 말도 잊지 마시기 바랍니다. 아이는 이를 통해 화를 내는 것을 포함한 감정 표현은 자연스러운 것이며, 엄마가 다소 감정적인 시기가 있더라도 변함없이 나를 사랑한다는 믿음을 가질 수 있습니다.

아이가 자신의 감정을 적절하게 표현하도록
키우는 방법은 따로 있나요?

화를 포함한 다양한 감정을 표현하는 것은 인생을 살아가는 데
큰 도움이 됩니다. 감정을 적절히 표현하는 데 영향을 미치는
뇌의 영역은 인간의 뇌 중 가장 나중에 발달하게 된다는 '전전
두엽'입니다. 전전두엽은 일을 관리하고, 계획을 잡고, 여러 대
안을 평가하고, 합리적으로 의사 결정을 하도록 만드는 역할을
합니다.

　이런 전전두엽을 발달시키는 데 도움이 되는 방법으로 카
이스트의 바이오및뇌공학과 교수 정재승 박사는 다음의 네 가
지를 추천했습니다.

첫째, 운동하기입니다. 적절한 운동은 전전두엽의 발달에 큰 도움이 됩니다. 사실 운동은 전전두엽뿐만 아니라 뇌의 다양한 영역을 발달시키고, 현재의 감정 조절, 우울증 개선에도 도움이 됩니다.

둘째, 독서입니다. 전전두엽은 18~21세에 성숙하게 되는데, 이 나이에 속하는 우리나라의 많은 고등학생들은 풍부한 독서의 기회를 박탈당합니다. 그저 국어 문제를 풀기 위한 지문만 읽을 뿐이죠. 따라서 이 시기의 독서가 다른 때보다 더 중요하다는 것을 알고, 아이의 독서를 늘릴 방법을 생각해야 합니다.

셋째, 아무것도 없는 상황에서 놀이 방법을 찾아내는 과정에서 전전두엽이 발달한다고 합니다. 예를 들어 요즘 아이들은 모든 화면은 일단 손가락을 대보고, 필요한 정보가 있으면 검색엔진을 활용합니다. 이 아이들은 디스켓 모양이 왜 저장을 뜻하는지 이해하지 못합니다. 디지털 세상에는 아이들의 눈과 귀를 만족시키는 영상이나 게임이 즐비하기에, 때로는 아이들에게 디지털 없이 놀 수 있는 방법을 찾도록 만들어주어야 합니다. 예를 들어 디지털과 거리가 먼 곳으로 여행을 가거나, 온 가족에 한 달에 한 번 디지털 오프 데이를 해보는 것도 좋겠지요.

넷째, 여행입니다. 새로운 상황에서 문제를 해결하는 경험은 전전두엽을 발달시키는 데 도움이 됩니다. 지금까지 맞닥뜨려본 적 없는 환경과 상황에서 문제를 해결하고 새로운 것을 발견하는 과정에서 전전두엽이 발달한다는 것입니다. 삶을 풍부하게 살 수 있는 아이로 키우기 위해서는 다양한 모험을 통해 살아 있는 지식을 얻도록 도와주세요.

인간관계 속에서 항상
손해 보는 느낌이 들어요

인간관계에서 늘 상대에게 맞춰주기만 하다 보면 항상 손해 본다는 느낌과 배려받지 못한다는 느낌을 받게 됩니다. 초반 에는 '내가 참자'라는 생각으로 넘어가지만 이런 경험들이 쌓 이면 조금씩 화가 나게 됩니다. 그리고 이 화를 적절히 표현하 지 못하면 그 사람을 멀리하는 회피를 선택하거나 갑작스럽게 화가 폭발하면서 관계를 끊어지는 결과를 불러올 수 있습니 다. 이런 일을 방지하기 위해서는 서로를 존중하는 관계를 맺 어야 합니다.

● 나와 상대를 존중하는 3단계 관계 맺기
1단계: 나의 감정과 욕구를 존중하기
2단계: 타인의 감정과 욕구를 존중하기
3단계: 그 둘을 적절히 조율하기

우리는 항상 자신의 감정과 욕구를 살피는 연습을 해야 합니다. 나의 감정과 욕구를 먼저 확인한 뒤 그 다음 단계로 넘어가야 합니다. 여러분은 아마도 이 1단계를 제대로 거치지 않고 2단계로 넘어갔을 것입니다. 상대방의 감정과 욕구가 무엇인지를 먼저 보고, 그것을 충족시키면 관계가 잘 유지되고 안전하다고 믿으며 자신의 감정과 욕구를 무시해왔던 것이죠. 그래서 내 욕구와 감정을 제대로 모르기 때문에 내가 알고 있는 상대방의 감정과 욕구로만 힘이 쏠리는 것입니다.

앞으로 여러분은 늘 이 3단계를 거쳐서 관계를 맺어야 합니다. 첫 번째 단계에서 나의 감정과 욕구를 확인한 후 타인의 욕구와 감정을 파악해야 합니다. 타인의 욕구와 감정을 파악하기 위해서는 그 사람에게 직접 묻는 것이 제일 좋습니다. 추측해서 행동하는 것은 직접 묻는 것보다 불확실하고, 때로 추측이 틀리면 나쁜 결과를 가져올 수도 있습니다.

나와 상대의 감정과 욕구 파악이 끝나면 꼭 서로의 욕구를 조율해야 합니다. 이렇게 3단계를 충분히 거치면 나도 상대도 만족할 수 있는 선택을 할 수 있습니다. 예를 들어 나는 떡볶이가 싫고 친구는 떡볶이를 좋아한다면, 떡볶이 대신 함께 좋아하는 순대를 먹는 식으로요. 지금까지처럼 싫은 떡볶이를 억지로 참고 먹지는 마세요. 이번에는 상대방의 욕구를 들어주고 다음에는 내 욕구를 들어달라는 방식으로 조율할 수도 있습니다. 중요한 것은 1단계를 거치는 것, 그리고 그것을 상대에게 표현하는 것입니다. 이렇게 스스로를 존중하고 타인을 존중할수 있다면 나만 상대를 배려한다는 느낌에서 벗어나 편안하고 충족된 마음을 얻을 수 있습니다.

간혹 1단계만을 거치고 3단계로 직행하는 사람들도 있는데 우리는 이런 사람들을 '이기적'이라고 합니다. 나의 감정과 욕구를 전혀 묻지 않고 배려할 생각이 없는 사람이 이에 해당하겠지요. 우리가 스스로의 감정과 욕구를 드러냈음에도 듣지 않고 존중하지 않는다면 함께하기 어려운 사람이라고 할 수 있습니다. 그 사람과는 되도록 빨리 멀어지도록 합시다.

결국 실행이다

지금까지 여러분이 화를 내지 못하는 이유와 화의 정체, 그리고 화를 잘 내는 방법까지 알아보았습니다. 화를 낼 준비는 모두 끝났습니다. 이제는 '변화'로 넘어가야 할 시간입니다. 그게 여러분의 목적이었을 테니까요. 이미 앞에서 언급한 방법을 통해 제대로 화내기에 성공하고 발전적 관계를 만드는 데 성공하신 독자도 있겠지만, 많은 분들은 아직도 실행에 대한 두려움을 떨치지 못하고 계시리라 생각합니다.

이런 문제로 저를 찾아오는 분들이 또다시 본래의 자기 방식으로 돌아가려 할 때 저는 이렇게 말합니다. "잠깐만요. 왜 저를 찾아오셨죠? 기존의 방식을 고수하고 저에게 고집 피우려고 찾아오셨나요?" 그러면 사람들은 다시 변화에 대한 의지를 다잡게 되지요. 그래서 저는 이 책을 마무리하면서 다시 이렇게 질문하려고 합니다.

"당신이 이 책을 고른 이유는 무엇입니까? 끝까지 이 책을 읽으신 이유는 무엇이죠?"

여러분이 이 책을 고른 이유는 여러 가지가 있을 수 있겠지만, 대개는 화 한번 제대로 내지 못해 답답하고 우울한 마음에 해결책을 찾고 삶의 변화를 이루기 위해서였을 것입니다. 이 책이 완벽한 해결책은 아닐지라도 여러분은 하나의 해결책을 배웠고, 이제 남은 것은 배운 것을 '실행'하는 것뿐입니다.

사람들은 이런 질문을 하곤 합니다. "사람은 변할 수 있는가?"라고요.

물론입니다. 사람은 모두 이전보다 발전할 수 있고, 다르게 변할 수 있습니다. 많은 사람들이 변화에 대한 기대를 하는 것은 이 때문입니다. 그런 기대가 없이는 사람들이 책을 읽을 필요도 없겠지요.

이제 다음 질문을 던져봅시다. "그렇다면 언제, 어떻게 변화하는가?"

저는 사람이 어떤 진리를 '깨달아서' 변화한다고 생각하지 않습니다. 배움과 깨달음은 변화의 '시작'일 뿐입니다. 진짜 변화는 '실행'이 이어져야 가능합니다. 사람이 변화하는 과정을 살펴보면 다음과 같습니다.

책, 교육, 타인으로부터 새로운 지식, 깨달음을 얻음

새로운 지식 및 깨달음을 바탕으로 기존과는 다른
새로운 방법으로 실행해봄

결과의 차이를 눈으로 확인

다른 선택을 하는 사람으로 변화

　우리는 이 책을 읽음으로써 고작 1단계를 거쳤을 뿐입니다. 그러나 너무나 많은 사람들이 이 1단계에만 머무르는 모습을 보여줍니다. 우리가 본래 갖고 있는 관성은 너무나 강력하고 실행에 대한 두려움은 크기 때문입니다. 애석하게도 그렇기에 서점에서는 늘 문제의 해결이 아닌 위로와 응원을 주제로 하는 책들이 인기를 끌고 있습니다. 많은 사람들이 실행을 통해 현실을 조금이라도 바꾸어왔다면 위로와 공감을 이전보다는 덜 찾게 되었을 텐데 말이죠. 그래서 저는 여러분이 이 책을 읽은 후 비슷한 주제의 '또 다른 책'을 찾지 않기를 바랍니다. 이 책이 완벽해서가 아닙니다. 책보다 중요한 것은 배운 것을 실천하는 것이기 때문입니다.

제가 강의를 마치고 가장 아쉬울 때가 있습니다. 강의가 끝난 후 이런 질문을 받을 때입니다. "강의 잘 들었습니다. 혹시 더 도움이 될 만한 책이나 영화를 추천해주실 수 있으신가요?"

지극히 평범한 이 질문은 저에게는 조금 다르게 들립니다. 이런 질문을 하는 분들의 열정은 이해합니다. 강의를 계기로 해서 이 주제에 대해 더 알고 싶을 수도 있습니다. 그러나 저는 이 질문이 한편으로는 직접 현실에서 부딪혀야 하는 실행을 뒤로 미루고 다시 공부로 '회피'하자는 생각에서 나온 건 아닌지 하는 걱정이 들 때가 있습니다. 자전거를 탈 수 있는 실력은 자전거를 타면서 향상되는 것이지 자전거를 타는 법에 대한 새로운 책과 동영상을 본다고 향상되지 않습니다. 여러분 스스로에게 이렇게 질문해보면 어떨까요?

"나는 삶을 변화시킬 지식이 없어서 책을 찾는가? 아니면 실행에 대한 두려움 때문에 회피하기 위해서 또다시 책을 찾는가?"

앞에서 말한 변화의 단계를 거쳐 실행을 하게 되면 우리는 실제로 이전과는 다른 삶을 살 수 있는 기회를 얻을 수 있습니다. 우리의 지식이 진정으로 가치관을 변화시키는 순간은 선택에 따른 변화가 눈으로 보이고 몸으로 체감될 때입니다. 그렇게 체험을 하고 나면 진정으로 '변화된 나'를 만날 수 있습니다.

여러분, 분노하세요. 여러분이 무시당했던 상황과 그 상황 속 상대의 얼굴을 떠올려보세요. 그 사람에게 아무런 표현도 하지 못하고 이불킥만 하고 있는 나의 모습을 떠올려보세요. 그 분노를 이전처럼 속으로 삭이지 말고, 실행의 에너지로 삼으세요. 지금껏 표현하지 못했던 것들을 조금씩 표현해보세요. 지금 할 수 있는 아주 작은 것부터 시작하면 됩니다. 대부분의 경우 생각만큼 두려운 일은 일어나지 않습니다.

　자신의 의견을 당당하게 밝히며 부당함에는 언제든 화를 낼 수 있는 멋진 사람으로 거듭나기를 바라며, 이 책이 그 시작에 도움이 되기를 바랍니다.

　화(火)이팅!

1장

슈테파니 슈탈 지음, 김시형 옮김,《심리학, 자존감을 부탁해》, 갈매나무, 2016

김광호·김미지 지음,《마더쇼크》, 중앙북스, 2012

〈2017 대한민국 중산층 보고서〉, NH 투자증권 100세시대연구소

임지선, 〈중산층 10명 중 6명 "나는 빈곤층"〉,《한겨레》, 2016.11.29

S. D. Gosling, P. J. Rentfrow, W. B. Swann, 〈A very brief measure of the Big-Five personality domains〉,《Journal of Research in personality 37(6)》, pp. 504~528, 2003

브라이언 리틀 지음, 이창신 옮김,《성격이란 무엇인가》, 김영사, 2015

조지선, 〈[조지선의 '셀럽 심리학'] 권력을 얻으면 다른 사람이 된다〉,《중앙일보》, 2018.07.29.

D. Keltner, D. H, Gruenfeld, C. Anderson, 〈Power, approach and inhibition〉,《Psychological Review 110》, pp. 265~284, 2003

한성열·한민·이누미야 요시유키·심경섭 지음,《문화 심리학》, 학지사, 2015

하지현 지음,《청소년을 위한 정신 의학 에세이》, 해냄, 2012

PMG 지식엔진연구소,《시사상식사전》, 박문각, 출처: https://terms.

naver.com/entry.nhn?docId=937554&cid=43667&category
Id=43667

2장

프랑수아 를로르·크리스토프 앙드레 지음, 배영란 옮김, 《내 감정 사용법》,
위즈덤하우스, 2008
이소라 지음, 《그림으로 읽는 생생 심리학》, 그리고책, 2008
Kailash Satyarthi, 〈How to make peace? Get angry〉, TED 2015, 출처:
https://www.ted.com/talks/kailash_satyarthi_how_to_make_peace_
get_angry
Adoree Durayappah-Harrison, 〈Want to Keep Your New Year's
Resolutions? Get Angry!〉, 2010.12.30, 출처: https://www.
psychologytoday.com/intl/blog/thriving101/201012/want-keep-
your-new-year-s-resolutions-get-angry
H. Aarts, K. I. Ruys, H. Veling, R. A. Renes, J. H. B. de Groot, A. M.
van Nunen, S. Geertjes, 〈The Art of Anger: Reward Context Turns
Avoidance Responses to Anger-Related Objects Into Approach〉,
《Psychological Science》, 2010; 21 (10): 1406
비벌리 엔젤 지음, 김재홍 옮김, 《화의 심리학》, 용오름2007
매튜 맥케이·피터 로저스·주디스 맥케이 지음, 정동섭 옮김, 《분노의 기
술》, 이너북스, 2008
M. R. Leary, J. M. Twenge, E. Quinlivan, 〈Interpersonal Rejection as
a Determinant of Anger and Aggression〉, 《Personality and Social
Psychology Review, 10(2)》, pp. 111~132, 2006

라파엘 산탄드루 지음, 홍선영 옮김, 《마음의 함정》, 생각의날개, 2014

진중권 외 6명 지음, 《화》, 한겨레출판, 2009

EBS 당신이 화내는 진짜 이유 제작팀 지음, 《당신이 화내는 진짜 이유》, 토네이도, 2015

마거릿 폴 지음, 정은아 옮김, 《내면 아이의 상처 치유하기》, 소울메이트, 2013

슈테파니 슈탈 지음, 김시형 옮김, 《심리학, 자존감을 부탁해》, 갈매나무, 2016

Jennifer S. Lerner, Roxana M Gonzalez, Deborah a Small, Baruch Fischoff, 〈Effects of Fear and Anger on Perceived Risks of Terrorism A National Field Experiment〉, 《Psychological Science, 14(2)》 pp.144~150, 2003

가이 윈치 지음, 임지원 옮김, 《아프지 않다는 거짓말》, 문학동네, 2015

3장

Martin Graff, Ph.D., head of psychology research, University of South Wales, United Kingdom; Nancy Mramor, Ph.D., psychologist and media expert, Pittsburgh; Ramani Durvasula, Ph.D., director, psychology clinic, California State University, Los Angeles; May 4, 2018, news release, British Psychological Society

Adam Alter, 〈Why our screens make us less happy〉, TED 2017, 출처: https://www.ted.com/talks/adam_alter_why_our_screens_make_us_less_happy

Susanna Schrobsdorff, 〈The Rage Flu: Why All This Anger Is

Contagious and Making us Sick〉, 《TIME》, 2017.6.29, 출처: http://time.com/4838673/anger-and-partisanship-as-a-virus

Younger people, 〈Instagram ranked worst for young people's mental health〉, 《RSPH》, 2017.5.19., 출처: https://www.rsph.org.uk/about-us/news/instagram-ranked-worst-for-young-people-s-mental-health.html

매튜 맥케이·피터 로저스·주디스 맥케이 지음, 정동섭 옮김, 《분노의 기술》, 이너북스, 2008

Marlo Sollitto, 〈Go Ahead, Have a Good Cry: 5 Reasons Why It's Good for You〉, 《Aging Care》, 2018.3.6., 출처: https://www.agingcare.com/Articles/reasons-why-crying-is-good-for-your-health-146022.htm

로버트 새폴스키 지음, 이재담·이지윤 옮김, 《STRESS스트레스》, 사이언스북스, 2008

김혜경, 〈욕설에 힐링파워⋯한바탕 내뱉으면 신체적·정신적 고통 경감〉, 《뉴시스》, 2017.06.05., 출처: https://news.joins.com/article/21636951

바바라 베르크한 지음, 박희연 옮김, 《화나면 흥분하는 사람 화날수록 침착한 사람》, 청림출판, 2001

라파엘 산탄드루 지음, 홍선영 옮김, 《마음의 함정》, 생각의날개, 2014

두산백과, 성악설, 출처: http://www.doopedia.co.kr/doopedia/master/master.do?_method=view&MAS_IDX=101013000847692

슈테파니 슈탈 지음, 김시형 옮김, 《심리학, 자존감을 부탁해》, 갈매나무, 2016

Albert Ellis·Catharine MacLaren, 서수균·김윤희 옮김, 《합리적 정서행동치료》, 학지사, 2007

Raymond Chip Tafrate·Howard Kassinove 지음, 채규만·김민녀·위지

희 옮김, 《분노 관리하기》, 학지사, 2011

스티븐 코비·A. 로저 메릴·레베카 R. 메릴 지음, 김경섭 옮김, 《소중한 것을 먼저 하라》, 김영사, 1997

데이비드 마이어서 지음, 신현정·김비아 옮김, 《마이어스의 심리학》, 시그마프레스, 2008

김영민 지음, 〈추석이란 무엇인가〉, 《아침에는 죽음을 생각하는 것이 좋다》, 어크로스, 2018

문지현 지음, 《정신과 의사에게 배우는 자존감 대화법》, 사람과나무사이, 2017

마셜 B. 로젠버그 지음, 캐서린 한 옮김, 《비폭력대화》, 한국NVC센터, 2017

4장

가이 윈치 지음, 임지원 옮김, 《아프지 않다는 거짓말》, 문학동네, 2015

너대니얼 브랜든 지음, 김세진 옮김, 《자존감의 여섯 기둥》, 교양인, 2015

정진규, 〈'욱'하며 폭력 간헐적 폭발장애, 대책은〉, 《TJB 8뉴스》, 2018.04.29., 출처: http://www.tjb.co.kr/sub0301/bodo/view/id/30907/version/1

이소라 지음, 《감정에 솔직하지 못한 나에게》, 알에이치코리아, 2018

김광호·김미지 지음, 《마더쇼크》, 중앙북스, 2012

김영진, 〈전전두엽의 기능〉, 네이버 캐스트 생활 속의 심리학, 2011.12.05., 출처: https://terms.naver.com/entry.nhn?docId=3573370&cid=59039&categoryId=59044#_datalab

진중권 외 6명 지음, 《화》, 한겨레출판, 2009

마셜 B. 로젠버그 지음, 캐서린 한 옮김, 《비폭력대화》, 한국NVC센터, 2017